名师课堂·教学研究与实践

深度学习

初中数学教学案例研究

朱建良 ◎ 著

江苏大学出版社
JIANGSU UNIVERSITY PRESS
镇江

图书在版编目(CIP)数据

深度学习：初中数学教学案例研究 / 朱建良著. —
镇江：江苏大学出版社，2021.12
ISBN 978-7-5684-1582-8

Ⅰ. ①深… Ⅱ. ①朱… Ⅲ. ①中学数学课－教案(教
育)－教学研究－初中 Ⅳ. ①G633.602

中国版本图书馆 CIP 数据核字(2021)第 229683 号

深度学习:初中数学教学案例研究

Shendu Xuexi:Chuzhong Shuxue Jiaoxue Anli Yanjiu

著　　者/朱建良
责任编辑/张小琴
出版发行/江苏大学出版社
地　　址/江苏省镇江市梦溪园巷 30 号(邮编：212003)
电　　话/0511-84446464(传真)
网　　址/http://press.ujs.edu.cn
排　　版/镇江市江东印刷有限责任公司
印　　刷/镇江文苑制版印刷有限责任公司
开　　本/710 mm×1 000 mm　1/16
印　　张/12
字　　数/206 千字
版　　次/2021 年 12 月第 1 版
印　　次/2021 年 12 月第 1 次印刷
书　　号/ISBN 978-7-5684-1582-8
定　　价/45.00 元

如有印装质量问题请与本社营销部联系(电话:0511-84440882)

自序

笔者在教学一线执教初中数学三十三载,在实施新课程的过程中,努力把现代教育理论和教学实践相结合,以提高学生素质为出发点,解读课堂教学中的疑难问题,追求课堂教学实效,勤于动笔,用心记录了丰富的教学案例和实践经验的感悟.

本书从初中课堂教学操作性层面,紧紧抓住初中数学深度学习中出现的疑难问题,聚焦备课、讲解、设问、导入等常规环节和教学中的难点、重点、创新点,把优化教学中追求有效的数学教学作为研究的中心目标和出发点,不断摸索,尝试从数学深度学习的高度解决问题.本书的教学案例研究展示了以问题链为抓手的数学课堂设计模式,通过打磨课堂教学的每一个环节,使设计的数学课堂能够更加高效地实现深度学习.笔者尝试把教育科研与课堂教学有机结合,形成提升课堂教学效益的合力,将抽象、推理、模型和合作四个要素贯穿于学生数学深度学习全过程,让学生学会用数学模型等解决问题,从本质入手,提高数学学习的深度,形成初中生数学深度学习方式的策略和流程.本书的案例中设计了层层递进的问题引导学生探究思考;通过详细描绘层进式、沉浸式等问题逐渐深入学习过程,站在数学方法论的角度关注数学知识网络的广度、深度、关联度;努力找寻教学连接点,通过设计主干问题,构建并呈现主干问题链,启智引导,培育学生的高阶思维.

灵动整合教材,灵动设计课型,灵动把握课堂生成;将课堂教学与深度思考有机融合,将课内知识与延伸拓展相结合,将新授知识与关联旧知有效衔接,将教师个人成长体验与学生个性发展相匹配;研究学生的学习规律,从经验走向智慧的过程……在日常教学中,笔者走过很多弯路,也积累了一些经验,每节课后都会反思学生在哪个知识点的学习中出现了什么样的困难,这样的经验如果经由理论的梳理并上升为对学生学习特点的一种规律性把握,将更好地服务于学生,因此笔者写下这些案例与青年教师分享.

本书基于初中数学深度学习、深度教学做了深度思考,旨在真正引发初中数学课堂中的深度学习,即便如此,书中仍难免存在不妥之处,恳请同行不吝赐教.本书在编写过程中得到了张彩华老师的帮助和指导,在此表示感谢!

朱建良

2021 年 9 月于向东岛葡醍湾

目录

第1章

初中数学深度学习概述

深度学习(deep learning)最早由美国学者费尔伦斯·马顿(Ference Marton)和罗杰·萨尔乔(Roger Saljo)在联名发表的文章《学习的本质区别:结果和过程》中提出.布卢姆等将认知领域的学习目标分为知道、领会、应用、分析、综合及评价六个层次.深度学习理论参照了布卢姆的认知维度层次理论.深度学习理论认为,知道、领会属于浅层学习,发展的是低阶思维;应用、分析、综合、评价属于深度学习,发展的是高阶思维.

目前,国内对于深度学习的概念没有统一的说法.吕亚军、顾正刚认为,初中数学深度学习是相对初中数学教学中出现的被动式、孤立式、机械式的浅层学习而言的,指在浅层学习的基础上,由接受式学习向探究式学习转化,由低阶思维能力向高阶思维能力发展,由简单直观型知识结构向拓展抽象型知识结构延伸,实现原有知识、经验基础上的主动建构,逐渐完善个人数学知识体系,并有效迁移应用到真实情境的过程.孙学东、周建勋认为,数学深度学习是指在教师的引领下,学生围绕具有挑战性的数学学习主题,全身心主动积极参与、获得发展的有意义的学习过程;它是触及数学知识的底部和本质,探寻数学知识间的相互关联,基于理解之上更多关照分析、评价与创造层面的高阶思维的学习;它的目标指向是发展学生的数学素养,培育创造性思维,教会学生主动地发现和解决新问题.

深度学习指向自主学习,是自身需要,能批判性地接受知识和他人的意见,从而加深对深层知识和复杂概念的理解.深度学习既要调动学生以往的数学知识经验来参与学习,又要在学生经验与数学新知之间建立有意义的深度关联,对学生的知识经验结构重新组合,把所学的知识迁移应用到更高级的学习和实践中,使学生更有意义地接受学习、发现学习,经验更丰富、更科学.

在深度学习中,学生与数学、人类知识与学生经验、知识获得与情感体验、能力培育与品格养成等都成为有机的学习整体.学习是学生感知觉、思维、情感、意志和价值观等共同参与的过程,正是在这个意义上,学习对学生来说才具有深度的意义.基于学生深度学习视角,教学实践中教师要开展深度教学,教师并不把学习的主要内容提供给学生,而是由学生独立发现,然后内化;要在以符号代表的新观念与学习者认知结构中的适当观念之间建立实质性的内在联系.

1.1　初中数学深度学习的特征

深度学习是由简单直观型知识结构向拓展抽象型知识结构延伸,由浅层思维向高阶思维过渡,实现了原有知识、经验基础上的主动建构,逐渐完善了学习者的数学知识结构体系.通过深度学习将数学知识结构体系有效迁移应用到真实情境中,使课堂真正成为师生生命互动、心灵碰撞的场所,成为师生有效对话的场所,成为学生获取知识、感悟真理的主阵地.

1.1.1　主动理解、批判接受

初中数学深度学习应该建立在对已有数学知识理解的基础上,对数学新知保持一种批判或怀疑的态度,通过质疑再辨析(而不是盲目地顺应、接受),加深对数学知识的理解,进而提升主动学习的意识和深度思考的能力.批判性思维的最终指向是人的思维方式和思维品质.深度学习是将批判性思维真正融入思考问题的一般方法,可使学生进一步发展成为现代社会需要的具有高阶思维品质的合格人才.

1.1.2　迁移经验、建构新知

初中数学深度学习需激活、迁移已有经验,通过新旧数学知识的相互作用,实现知识的同化和顺应,形成对数学知识的理解,从而建构新知.迁移是指一种学习对于另一种学习的影响,是学生在学习过程中自然自发的感悟联想过程.深度学习过程应当成为为迁移而启迪感悟的探究过程,在这个过程中学生的迁移能力得到发展和提升,将学科思想指导下的方法策略应用于不同的数学问题情境.

1.1.3　整合旧知、深层加工

初中数学深度学习可以理解为高阶学习、整合性学习、反思性学习这三个相互关联的部分.数学知识不是孤立存在的,它们之间存在千丝万缕的联系.遵循这一规律,理顺相应关系,建立新旧知识、信息之间的联系,通过深层次加工将它们整合在一起,使之成为解决数学问题、发展思维能力的关键策略.

1.1.4　理解本质、渗透思想

初中数学深度学习聚焦数学思想方法,透过数学思想,揭示数学本质.因此,初中数学深度学习要求学生灵活运用数学思想,深入把握数学本质,提升个人思维品质和学习效能.深度学习置学生于真实的问题情境中,在情境中产生真实的问题,激活思维;引导学生一步步地实施处理这一问题,积累方法策略,并检验自己所用方法是否正确,寻求改进优化的策略.在探寻本质的学习过程中,数学思想是解决数学问题的通关密码,对数学学习的顺利展开而言,数学思想是贯穿其中的主线.

1.1.5　拓展变式、解决问题

初中数学深度学习的核心问题是有效迁移和拓展变式问题,要求学生激活已有经验,并在相似的问题情境中举一反三,万变不离其宗,在新情境中批判理解、灵活应用;逐渐完善原有知识、经验,主动建构个人数学知识体系,通过拓展问题,有效迁移应用到深层次问题情境中.深度学习的深度并不是指教学内容的难度,而是指教师的教学活动设计能否经由知识教学的深度、广度和关联度,使学生会一题、通一类,并在数学思想与文化中得到浸润,在学习中不断地体会数学学科的魅力.

1.2　初中数学深度学习的策略

1.2.1　有效情境,激发学生学习兴趣

根据学生的学习特点为学生创设多样化的数学学习问题情境,激发学生的学习兴趣和探究欲望,善于创设生活化问题情境,利用学生熟悉的生活现象构建情境,帮助学生借助熟悉的生活知识与生活经验进行学习,培养学生独立思考、刨根问底的学习习惯,对提高数学学习效果有事半功倍之效,从而显著提升学习效率和学习效果.

1.2.2　核心问题,引导学生自主探究

充分尊重学生在课堂上的主体地位,通过教与学之间的良性互动,为学生构建开放式学习环境.把设计的核心问题作为探究的切入点,组织开展"以

问促教、以探促学"的深度学习形式.数学核心问题往往源自实践中产生的真实问题,通过探究,在真实问题认知的基础上提炼出相应的数学思想,并且在这些问题解决的过程中领悟数学思想的意义和价值,其价值在于在面对相同或相似问题时能够联想数学思想和方法,迅速找到解决问题的办法.

1.2.3 感悟思想,促进学生综合发展

遵循学生身心发展规律和学习规律,在对课程所涉知识内容理解的基础上,关注培养和发展学生的核心素养,通过体验学习过程,感悟数学真实发生的情境,促使学生获得更加全面的发展,为学生创造更多实践体验感悟的机会.数学素养的形成需要数学文化的熏陶.数学文化的精髓就是数学思想,就是展示前辈的思想活动,展现数学的美.数学核心素养包括数学思维方式、数学关键能力以及通过数学活动进行人格养成三部分,数学关键能力可归纳为数学抽象、逻辑推理、数学建模、数学运算、直观想象、数据分析六个方面.唯有思想才能孕育思想,唯有思想才能诱发思想,通过深度探究和数学思想的浸润,发展学生的关键能力,提升学生的核心素养.

1.2.4 任务驱动,发展学生高阶思维

设计适度、有层次性、有挑战性的数学问题,通过问题导学,训练数学思维由低阶思维向高阶思维发展,进而起到激发学生学习兴趣和增强学生深入探究欲望的作用.例如,构造思想是建模思想形成的基础,在学习过程中以构造的形式引导学生学会建模,引导学生正确构造相应的数学模型,随着数学学习过程的不断深入,逐步学会联想、抽象,熟悉构造模型的规律以及相应模型的使用情境,渐入高阶思想训练的境界,对建模思想的认知有助于学生对数学模型与数学抽象的基本把握.

1.2.5 提升能力,促进学生价值观念形成

深度学习能有效促进学生培育核心素养,是培育学生核心素养的重要途径.核心素养一旦形成又会有力地支持深度学习,学习过程中通过数次打磨、重复、提取,才能真正获得学生发展和社会发展所需的必备品格与关键能力.以数学活动为视角,数学核心能力包括:数学地提出问题、数学表征与变换、数学推理论证、数学建模、数学地解决问题和数学交流等.培养学生数学学科能力,往往着眼于数学学习过程应当采用何种方式去获取知识,最终使学生获得有助于其未来发展的核心能力.能力的形成不仅需要时间积淀,更需要学生在学习过程中对已知的思想与方法进行内化吸收,并在此基础上形成相

应的数学学科能力体系.

1.2.6　强化过程,以研究式学习落实深度学习

构建小课题式的深度学习,研究过程如下:生成问题→组建研究小组→制订活动方案→实施活动方案→汇报与交流.有效组织学生自主参与和合作探索,选择合适的研究方法,如数学实验、调查统计、观察日记、文献分析、论证推理等.数学研究方法往往指向具体的数学问题解决过程,学习过程侧重具体的操作思路、解决问题的方法策略、途径优化等;而数学学科思想则相对比较抽象,高度凝练数学知识结构.数学研究过程,通俗地讲就是主意、想法、看法、打算、意图、归纳、猜测、猜想、计算、证明等意思.数学过程性学习就是发现数学问题时的猜测、推理数学问题时的看法、思考数学问题时的想法和解答数学问题时的计划,百花齐放,它是在深度学习全部过程中展现出来的聪明才智.

1.2.7　多元评价,促进深度学习可持续发展

多元评价可促进初中数学深度学习可持续发展.数学小课题研究强化解决问题的过程评价,评价时不以是否获得最终答案为唯一标准和主要标准,而是以过程评估为主.评价要体现多元化,要关注学生的数学精神和品质,以及对数学的思考与运用;要关注学生发现问题的能力,观察学生能否在纷繁复杂的社会生活情境中发现并提出与数学有关的问题;要关注学生应用数学知识解决问题的能力,看他们是否会运用分析、综合等手段,从多种角度进行发散性、批判性思考,初步形成高阶思维能力.

1.3　初中数学深度学习的意义

1.3.1　改进学生学习方式,形成核心能力

初中数学深度学习是在教师的引导下,学生围绕具有挑战性的学习主题和任务,全身心参与学习活动,无论是数学概念的学习还是数学命题的学习,都不是被动地听,而是在问题情境中开展对具体问题的分析,经过观察、比较、归纳、运算与推理、证明等过程达到对问题的一般性认识.这是一个抽象的过程,也是获得数学核心知识、提高思维能力、形成核心素养的过程.

1.3.2　激发学习欲望,提高学习兴趣

依据课程标准的总体目标及教学具体内容,巧妙地创设教学情境,合理

运用情境,使之更好地服务于教学,把简单刻板的教与学融化在多姿多彩的真实情境中,有效地提高学生的学习积极性,化抽象为具体,化乏味为兴趣,使学生乐学、会学,主动轻松获取知识.

1.3.3 训练数学思维,理解数学学习

为学生提供深度学习的机会,在数学课堂教学中,让学生通过亲身经历和体验去获取知识,注重知识形成的过程;让学生在学习过程中去经历数学、发现数学、理解数学、体验数学、探查数学知识间的相互关联,从中揭示数学家的思维过程和思维方法.

1.3.4 培养深度学习的能力,优化学习方式

数学深度学习的课堂要倡导合作性学习,培养学生善于与人合作、与人交流的学习习惯.学生充分讨论,涌现出一些新的想法,发挥自己的想象力和创造力,学会聆听、理解、交流、接纳、鉴赏、辩论、互助,通过这种合作交流,让学生们看到问题的不同侧面和解决问题的途径,从而对知识产生新的洞察和兴趣,促进思维向深度发展,培养他们深度学习的能力.

1.3.5 提优学习效果,关注后续发展

数学深度学习关注学生对知识的理解、关联、迁移、应用和质疑,强调学生能体会到数学知识的本质、内在的联系和在新情境中的应用,而不是对数学知识进行机械的识记、反复的训练、模式的套用.数学深度学习的优势在于它从数学核心内容和知识团入手,将其承载的数学思想方法与学生后续发展的关键能力和核心素养建立联系,强劲推进学生的后续发展.

1.3.6 促进教师的专业发展,师生共赢

深度学习要求教师在教学中对数学核心内容或知识团整体把握,高屋建瓴,这对教师的数学学科理解提出了更高的要求.深度学习类似于课题研究,每确定一个微型的学习主题,每设计一个挑战性的问题,对教师都是新的挑战.具有深度探究的课堂是充满智慧能量的课堂,这是一场教学理念内涵的发现和再发现的挑战,因此,数学深度学习对促进教师专业知识的发展、专业素养的提升具有积极的推动作用.

1.4　深度学习与浅层学习的分类比较

课程认知目标分类如表 1 所示.

表 1

学习类型	目标层次	内涵
浅层学习	记忆	从长时记忆中提取有关信息
	理解	从教学信息中建构知识意义
深度学习	应用	在新情境中应用所学知识技能
	分析	将材料分解成要素,明确各要素之间的关系及整体关系
	综合	将各要素组成一致的或实用的整体,生成新的结构或模式
	评价	依据一定的标准对所学知识技能做出价值判断

学习行为的分类如表 2 所示.

表 2

学习类型	分类
浅层学习	被动地接受学习:教师以定论的形式将学习内容直接呈现给学生,教师讲授,学生接受,然而学生仅仅记住了某个数学符号或公式
深度学习	机械地发现学习:虽然一开始学生并不能将原有认知结构中的适当知识与新的学习材料之间建立实质性联系,但是学生还是能够有新发现,然后内化.可将此视为深度学习的初级阶段
	有意义地接受学习:在教师将学习内容以定论的形式呈现给学生的基础上,学生仍然能够将原有认知结构中的适当知识与新的学习材料之间建立实质性联系.也可将此视为深度学习的初级阶段
	有意义地发现学习:教师并不把学习内容直接提供给学生,而是由学生独立自主发现,然后内化,在原有认知结构中的观念与以符号为代表的新观念之间建立实质性联系.这是深度学习的最高境界

由以上两表可知,教师的教与学生的学相融合的属性决定了深度学习必然走向深度教学,只有走向深度教学的深度学习才具有发展性,才能体现其意义和价值.

1.5 数学深度学习的目标指向研究

数学深度学习的关键在于培养学生的学习能力,即培养学生的观察能力与记忆能力、思维能力、想象能力和创造能力.深度学习目标的达成需要数学观察,数学观察带有一定目的和抽象性,指向数学问题的解决过程.观察是数学思考的起点,也是数学问题解决的第一步.

1.5.1 初中数学深度学习知识

初中数学深度学习知识包括储备知识、任务知识和策略知识.储备知识即对学习过的概念、公式有比较清晰的记忆,积累了比较丰富的解题经验,拥有较强的分析、综合能力,储备了基本的思维素养,了解了相应的数学思想方法,养成了好的学习习惯,掌握了计算方面的技能.任务知识即能理解性记忆要学的概念、公式,注重概念、公式生成历程的探究,注重掌握新的数学技能,要求学生能够用数学语言清晰地进行数学表达、熟练梳理知识架构、掌握新的数学思想方法.策略知识即有自主探究意识,做好自主学习流程,及时总结学习经验,改进学习行为.策略知识注重与同伴的交流,及时制订、更新可行性学习目标,将数学联系生活,提高学生的数学学习兴趣.

1.5.2 初中数学深度学习体验

初中数学深度学习体验包括技能体验、思维体验和结果体验.技能体验指数字计算快速准确,洞察代数式的结构特征,式子运算快速准确,熟练多项式的分解组合,数学公式能够深度变化应用,掌握常见的技巧性计算方式、方法.思维体验指洞察问题的结构特点,明确问题的分类,掌握解题思想、方法总结;注重学习经验的内化,注重举一反三.结果体验指明晰概念的内涵和外延,掌握新旧知识的整合、贯通、迁移;会理性分析问题的数学本质,能兼顾数学审美和数学文化,使深度学习方法有效优化.

1.5.3 初中数学深度学习品格

初中数学深度学习品格包括感情认知、自我监控和自我预测.感情认知指积极主动的态度,明确学习的意义,具有克服困难的勇气,保持学习的兴趣,不断进步的喜悦.自我监控指明晰努力方向是正确的,有自制力和责任心,有服务社会的必备品格.自我预测指始终保持好奇心,并有克服困难不断探索的勇气,对自己始终有自信心,已经熟练掌握学段该有的信息、媒体和技术技能;具有与学段相称的数字素养,能够表达自己的想法,能学会学习数学、利用数学,有首创精神和创业意识.

1.6　初中数学深度学习的课堂效益

1.6.1　培养思维能力,突显数学教学本质,实现效益最大化

以苏科版数学九年级上册"用配方法解一元二次方程"为课例,依据确定的深度学习目标,设计教学活动,构建高效的研学型课堂.

1.6.1.1　体验过程—合作学习—深度探究

数学教学内容包括数学概念、性质、定理、公式、法则、规律、方法、问题与结论等.按教学性质,数学教学可分为四类:概念教学、案例教学、定理教学、问题解决教学.每节课的数学活动过程和思维形式不同,教师要根据教学结果类型设计与之相匹配的数学活动过程.利用配方法进行代数式变形是一种基本技能,它对方程和代数式的变形过程有能力发展点.配方法蕴含了化归思想、类比思想,配方法的教学性质是一种数学原理教学.

本节课的教学流程如下:提出问题(从具体问题出发)→操作探究(用化归思想解二次项系数不是 1 的具体一元二次方程)→归纳猜想(理解配方法的一般步骤)→表达(用数学文字语言表达猜想得到的结果)→解决问题(变形问题)→反思内化(感悟思想、沉淀经验).

1.6.1.2　选择有助于实现教学目标的深度学习方式

深度学习体现在:自主思考＋合作交流＋激励评价＋纠错剖因.课堂中应关注过程与结果,理解方程配方与代数式配方的步骤,理解二者的区别与联系,感悟配方变形过程中"变"与"不变"的思想,引导学生对配方的认识达到一定的"深度"与"宽度".深度学习能否在课堂上真正发生,体现在学生能否主动提出问题、敢于质疑、善于表达、认识倾听、勇于评析、不断反思.

1.6.1.3　经历"二次创造",促进数学思维能力发展

本课例的学习任务为引导学生使用公式 $a^2+2ab+b^2=(a+b)^2$,把一般形式的一元二次方程化为 $(x+m)^2=n(n\geqslant0)$ 的形式.学会用类比法解决二次项系数不为 1 的一元二次方程,把新问题转化为旧问题,提升方法,归纳总结.

深度学习的目标特征:质疑旧方法→提出新方法→理解新方法→运用新方法.高阶数学思维训练为探求符合数学教学规律和学生认知特征的问题链

的设计,调动学生思奇的积极性.在众多的联想中,让学生"二次创造"出配方法,发现知识点之间的关联、形式之间的关联、方法之间的关联等,指引方向,开阔思路.

1.6.2　基于初中数学深度学习的课堂学习活动单(课例)

§1.2 一元二次方程解法(3)

学习目标

1. 掌握用配方法解二次项系数不为 1 的一元二次方程,转化为 $(x+m)^2 = n(n \geq 0)$ 的形式.理解运用转化、整体思想解方程,进一步体会配方法是一种重要的数学方法.

2. 合作探究,提升协助互援能力.

学习过程

1. 填空

◎回顾思考,诊断问题

(1) $x^2 + 2x +$ _____ $= (x +$ _____ $)^2$;

(2) $x^2 - 5x +$ _____ $= (x -$ _____ $)^2$;

(3) $x^2 + \dfrac{2}{3}x +$ _____ $= (x +$ _____ $)^2$;

(4) $x^2 - \dfrac{5}{2}x +$ _____ $= (x -$ _____ $)^2$;

(5) $4x^2 - 6x +$ _____ $= 4(x -$ _____ $)^2$;

(6) $x^2 + px +$ _____ $= (x +$ _____ $)^2$.

2. 用配方法解下列方程

(1) $x^2 + 2x - 1 = 0$;　　　(2) $x^2 - 5x + 2 = 0$.

3. 思考

(1) 什么是配方法?

(2) 配方的目的是什么?

(3) 配方法的关键是什么?

◎提炼方法,探究规律

1. 用配方法解下列方程

(1) $2x^2 + 4x - 3 = 0$;　　　(2) $3x^2 + 2x - 1 = 0$;

(3) $0.2x^2+0.1x=1$;　　　(4) $\dfrac{2}{3}x^2-\dfrac{4}{3}x+\dfrac{1}{6}=0$;

(5) $3x^2-4\sqrt{3}x+4=0$.

◎沉淀思维,积累经验

1. 若 $4a^2+b^2+4a-4b+5=0$,求 a、b 的值.

2. 用配方法解决下列问题

(1) 求 $2x^2-7x+2$ 的最小值;

(2) 求 $-3x^2+5x+1$ 的最大值.

3. 在二项式 $4x^2+1$ 后面加一个单项式,使它成为一个多项式的完全平方式,加上的这个单项式可能是_____.

4. 已知 $4x^2+8(n+1)x+16n$ 是一个关于 x 的完全平方式,求 n 的值.

◎梳理小结,提炼升华

略

◎课后延伸,巩固练习

1. 用配方法说明 $-2x^2+4x-5$ 的值恒小于 0.

2. 若代数式 $2x^2-(4m-1)x+2m^2+1$ 是一个关于 x 的完全平方式,求 m 的值.

3. 证明:对于任意实数 m,关于 x 的方程 $(-2m^2+8m-12)x^2-3x+1=0$ 都是一元二次方程.

1.6.3　问题导学,分层次理解知识,提升能力

基于深度学习的数学课堂教学设计要遵循循序渐进、实用的原则,研究学生的学法,创新性地设计知识化问题来引导学生有步骤、分层次地理解知识并提高学习能力,培养自主学习意识.教学设计一般包括:学前反馈或预习基本要求;学习目标、学习重点和难点;提出研究问题,探究新知与自主学习;合作探究、展示反馈提升;基础演练、巩固练习;综合提升、拓展提高;趣味延伸、变式链接;知识梳理、总结归纳;自我达标、测评提优;等等.

深度探究一般以问题目标为导向、教为主导、学为主体.教师以问题驱动思考,组织讨论、精讲点拨、评价激励、知识拓展、扣标整合;学生独立思考后讨论质疑、尝试解疑、归纳总结、反馈训练、创新运用、拓展提升、推荐作业等,充分发挥在课堂上的主体地位,更多地自主深度思考.

1.6.4 发展元认知,深度探究,意义建构

元认知是认知主体对学生课堂认知活动过程的计划、监控和调整,其核心是元认知调控.课堂教学主要关注学生到底是如何学会学习的.发展元认知策略对深度学习有促进作用,学生通过对困难的感知、记忆、思维等自我控制、自我评价、自我调整,提高元认知水平.通过主动建构知识、提高纠错反思能力,培养良好的学习品质,从深层次提升学习思维能力和学习效果.深度学习的课堂常常以问题为导向,鼓励学生思考,深度自问或互问讨论,不仅使学生记住知识概念、定理所呈现的表面抽象知识,而且能帮助学生及时核查并纠正学习中的缺陷,加深其对知识概念的深层理解,逐渐形成数学核心素养.

新课改在实施过程中也遇到了一些新问题,在教学过程中,教师困惑于"如何改变教学方式""如何提升课堂教学效率""如何因材施教从而促进学生的差异化发展"等问题."深度学习"这一教学理念有助于解决教学中这些基本问题,帮助一线教师深度思考"学生学什么""怎么学""如何科学测评",而课堂教学实录案例的分析能为教师提供基本思想方法去思考教学问题,通过对课堂案例的剖析,帮助学生突破学习过程中的难点、批判性地理解知识、自主构建知识间的联系、体验感悟、融会贯通、迁移运用,最终实现深度学习.

在深度学习中,学生与数学、人类知识与学生经验、知识获得与情感体验、能力培育与品格养成等都成为一个有机的学习整体.深层次的探究是学生感知觉、思维、情感、意志和价值观等共同参与的学习过程,正是在这个意义上,深度学习对学生的终身发展来说才具有深度的意义.深度学习的课堂教学从实践上克服了被动学习的局面,实现了能动学习,理想的课堂永远是火花四射、能源充沛的思考世界,愿所有教师一起行动起来.

第 2 章

"好"问题导入深度思考

问题是数学的心脏.只有设计好数学问题,才能有效激发学生深入思考,进而掌握数学知识,提高数学能力.

（1）问题情景互动,提升学生的参与感

深度学习提倡打破传统封闭课堂,创设有价值的、开放的数学问题情境,促进学习个体萌发问题意识.通过复杂、丰富、多变的情景训练和应用技能,促进学习个体将所学应用到真实项目与实际问题中,实现对新知识的深度理解与内化.

（2）设计合适的问题,引导学生深入思考

为学生提供合适的问题或者学习问题情境,引发学生综合、分析、评价问题的思考再探究的学习动机.好的问题才能激起思辨的冲动和进一步提出问题、猜想并进行验证的欲望.

（3）鼓励多角度思考,发展学生发散性思维

提供合适的问题是为了更好地引发学生多角度思考,这是数学深度学习的一个表征.合适的问题也会直接作用于批判性思维的经验阐释,引发学生进一步分析、评价、推论和解释,进而提升学生多角度思考的能力.

（4）由浅入深设问,促进学生自主建构知识

梳理知识脉络,循序渐进设计问题链,立足学生的认知,以实现问题设置的梯度性为原则,促进学生有意义地进行知识建构,为学生搭建"脚手架",激化学生记忆网络中的知识,并向外扩展,从而促进其知识建构.

（5）理性判断,培养学生独立思考的习惯

发展学生独立思考、理性判断的批判性思维能力.在数学深度学习中,强调学生全力投入、高阶认知参与,必然需要学生在多角度思考后进行综合分析,对不同的想法进行更进一步的思考,即所谓对思考的思考,这已经直接指

向批判性思维的精神内核了．

（6）提炼思想方法，形成解决问题的策略

对于初中数学深度学习而言，数学思想方法应当存在于全过程中，归纳数学思想在不同知识中的体现方式，将数学思想方法用系统、科学、合理的方式融进去，帮助学生养成应用数学思想解决数学问题的习惯，从而优化解决问题的策略．

落实"问题为中心"的任务驱动型教学设计

—— 以"一次函数图像与性质"复习课为例

1. 问题提出

以"问题为中心"的数学学习是以问题为载体展开的探究活动．通过剖析问题的缘由、起因及产生新问题的生长点，引导学生进行深入的比较和辨析，在质疑、探索和释疑中挖掘内涵，拓展外延，自主发现解决问题的思路和方法，催化学生思考；以知识为本位，把一些数学的本质属性抽象概括，将思维训练引向问题深处，进而帮助学生建立新旧知识之间的联系，形成新的体系，提升学生探究能力，发展学生关键能力，突破教学难点．

以"问题为中心"的初中数学课堂基本特征如下：① 清晰的教学流程，丰富的数学语言和精致、具有启发性的问题；② 关注由一题至一类问题的解决方法提炼；③ 整体感知知识结构，多角度理解问题的深层结构．每一个环节中问题的设计原则是贴近学生的能力水平，引导学生在尝试与探究体验中积极思考，在知识能力、思维训练、问题解决等方面真正得以发展，从而实现有效教学．这里以苏科版数学八年级（上）"一次函数图像与性质"复习课为例，尝试在初中数学课堂教学中最大化地实现问题驱动学生深层思考．

2. 内容与目标分析

2.1 学情分析

学习对象为八年级学生，在学习了一次函数概念、图像与性质的基础上，要求学生把研究的思路统一上升到一次函数、一元一次方程、一元一次不等式整体关联、互相转化的更高的数学思维层次，以"数形结合"为核心理解本章内容，借助图像，挖掘函数隐性知识，授人以渔，强化方法的迁移与变通．为了落实过程与方法的目标要求，极有必要通过对一次函数图像的动静转换、知识整体关联与转化做进一步的深度思考与功能挖掘,在问题链的深层次辨析中,产生思维碰撞,完善认知结构,对学生后续学习反比例函数、二次函数有较强的借鉴意义.

2.2 学习目标

(1)帮助学生理解一次函数的定义、图像与性质,能够根据问题中的条件,熟练运用待定系数的方法确定一次函数的解析式.

(2)引导学生在解决问题的过程中,体验"形"(直线)与"数"(解析式)的联系,体验一次函数与一元一次方程、一元一次不等式之间的联系,培养学生发现问题、研究问题的意识.

(3)通过生长图形,拓展变式问题,对学习的内容进行二次开发,围绕一次函数图像与性质的深层内容进行整合,让学生有更多的想象空间,通过经历体验开放性问题的探究过程,感悟分类、转化、数形结合等数学思想.

2.3 学习重点

从读懂平面坐标系中的一条直线开始,探求"数"与"形"知识与方法之间的内在联系,积累解决问题的策略.解读函数知识与几何知识的结合点,掌握点坐标与线段的长互相转化的方法,会用面积法求解相关动点问题,学会从转化的思维角度认识函数、方程、不等式之间的关系.在动态的问题情境中,会用数学语言刻画问题的本质,从"知识建构"走向"思维建构",培养学生迁移和应用知识的"深度学习"能力(图 1).

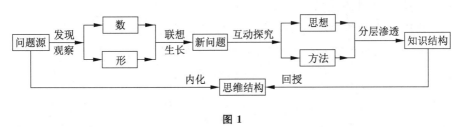

图 1

3. 教学流程

从知识本身的内在逻辑出发,从学生思维点出发设置问题,通过发现、议论、分析、思辨,让思维由点开始生长,汇点成线,最后集结成面.

3.1 置疑——解读数形

问题 1 如图 2,已知直线 $y = kx + b(k \neq 0)$ 与 x 轴相交于点 $A(3,0)$,观察图像,你能得出哪些结论?

学生 1:一次函数 $y=kx+b(k\neq 0)$,$k<0$,$b>0$,并且 y 随 x 的增大而减小.

学生 2:当 $x<3$ 时,$y>0$;当 $x>3$ 时,$y<0$.

学生 3:一元一次方程 $kx+b=0$ 的解为 $x=3$.

教师:很好,通过经过点 A 的直线的数学意义探讨,同学们发现了一次函数、一元一次方程、一元一次不等式之间的内在联系.

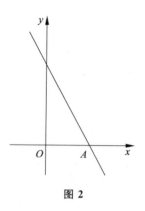

图 2

设计意图 告知一条直线与 x 轴的交点 $A(3,0)$,一次函数中 k、b 的值决定着直线的位置,探求相关数学知识结构的内在联系,问题设问呈开放性,引导学生从数形结合的角度整体建构."置疑"的目的在于以结论开放型问题让学生提炼出主干知识,探究由点坐标问题转化到不等式、方程解的讨论,使整个知识体系网络化、系统化,理清知识脉络,设计的问题较好地梳理了知识个体之间的相互联系,培养了学生自主建构知识体系的能力.

3.2 悟疑——建立模型

由表及里深入思考,由浅层观察类比到数学思想的内化,建构模型,领悟问题,在思维生长的同时,引领学生感受数学思想方法的独特魅力.

拓展 如图3,已知直线 $y=kx+b(k\neq 0)$ 与 x 轴相交于点 $A(3,0)$,已知点 $Q(3,-3)$,若将该直线绕点 A 旋转,当点 O 和点 Q 到该直线的距离相等时,求满足此条件的直线解析式.

教师:如何理解直线的旋转变换,寻求解题的突破口?

学生 4:满足条件的直线 $y_1=-x+3$,它平行于 OQ.

学生 5:如图 4,直线 $y_2=x-3$,它垂直于 OQ.

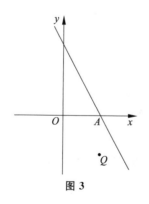

图 3

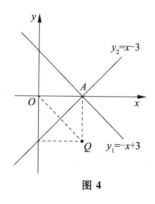

图 4

教师(追问):若点 Q 的坐标为 $Q(5,-4)$,大家能解决此问题吗?

众生:如图 5,类比上述方法,可求出直线 $y_3=-\dfrac{4}{5}x+\dfrac{12}{5}$,$y_4=4x-12$.

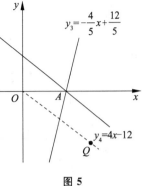

图 5

教师:请同学们继续思考,归纳总结一般方法.

学生 6:当点 O 和点 Q 在该直线的同侧时,该直线平行于 OQ.

学生 7:当点 O 和点 Q 在该直线的两侧时,该直线经过线段 OQ 的中点.

教师:比较两种情况的图形特征,建立几何求解模型,第一种情况关注两直线平行,第二种情况聚焦线段 OQ 的中点.

学生讨论归纳后,提出新问题:

(1)续拓展 1 条件,将该直线绕点 Q 顺时针旋转 $30°$ 后,求此直线的解析式.

(2)续拓展 1 条件,如何平移该直线,使它经过点 Q?

(3)续拓展 1 条件,若把该直线沿 y 轴翻折,求翻折后的直线的解析式,并求出该直线与直线 OQ 的交点坐标.

设计意图 绕点 A 旋转直线,引导学生观察图像,寻求位置关系特征.学会分类、建模、优化方法,解决问题,激活思维,学会发现、创造.培养学生思维的合理性和解法的优化意识,"悟疑"的目的在于由问题发现新问题,通过合情推理、类比、迁移,顺利加深对点与直线位置特征的理解,拓宽解题思路,学会提炼数学模型.让学生在爬坡向上的思维训练中,不仅习得知识和能力,更重要的是通过过程性探究,学会提出问题、分析问题和解决问题的思想和方法.

3.3 生疑——探究方法

通过对比,揭示题组之间的关系,感知图像信息,创新智慧,提出新问题,围绕新问题剖析、梳理图像位置变化与几何图形特征之间的关系,实现知识、方法和策略的全覆盖.

问题 2 如图 6,已知直线 $y=kx+b(k\neq0)$ 与 x 轴相交于点 $A(3,0)$,与 y 轴相交于点 $B(0,4)$,点 P 为线段 AB 上一动点,设点 P 的横坐标为 m,

△OPA 的面积为 S.

(1) 当 $m=1$ 时,求 S 的值.

(2) 求 S 与 m 之间的函数关系式,并画出该函数的图像.

(3) 若直线 OP 把△OAB 的面积分成 1:3 两部分,求此时点 P 的坐标.

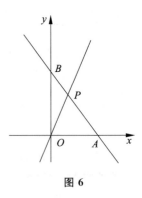

图 6

教师:可以选用什么方法来解决此问题?

学生 8:直线 AB 的解析式为 $y=-\dfrac{4}{3}x+4$,点

P 的坐标写作 $P\left(m,-\dfrac{4}{3}m+4\right)$,当 $m=1$ 时,$S=4$.

学生 9:如图 7,过点 P 作 $PC\perp x$ 轴于点 C,线段 PC 的长为 $-\dfrac{4}{3}m+4$,

可求出 $S=-2m+6$.

学生 10:画出函数 $S=-2m+6$ 的图像如图 8 所示.

教师(进一步揭提示):是否要考虑面积 S 的取值范围?

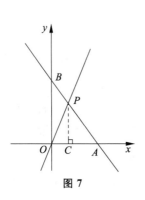

图 7

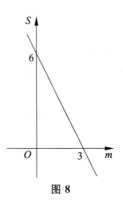

图 8

学生 11:如图 9,$S=-2m+6\ (0\leqslant m<3)$.

学生 12:$S_{\triangle OPB}=2m$,$S_{\triangle OPA}=6-2m$.有两种情况:$\dfrac{2m}{6-2m}=\dfrac{1}{3}$ 或 $\dfrac{2m}{6-2m}=\dfrac{3}{1}$,解得 $m=\dfrac{9}{4}$ 或 $m=\dfrac{3}{4}$.

学生 13:也可根据题意,求出 $S_{\triangle OPB}=\dfrac{3}{2}$ 或 $S_{\triangle OPB}=\dfrac{9}{2}$,再求出 m 的值.

教师:观察动点 $P\left(m,-\dfrac{4}{3}m+4\right)$ 的坐标特征,求解过程中,用 m 表示线段 PC 的长为 $-\dfrac{4}{3}m+4$,求解动点 P 的坐标是解决该问题的关键,同时根据实际情况,关注 m 的取值范围.

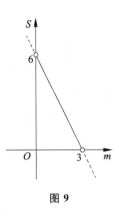

设计意图 引导学生体验探究动点 P 的路径,引导学生经历从特殊到一般、从归纳到演绎的思维历程,准确捕捉思维节点,寻求动态问题中不变的规律,剖析出动点问题的内在本质."生疑"的目的在于发展学生的思维能力,突破思维定式,熟悉图形结构,理解图形构造原理,研究动点 P 的坐标特征,感悟数学方法,从而培养学生缜密的思维能力.

图 9

3.4 质疑——提升能力

数学问题虽然如恒河沙数,但很多问题都有共同的特点、共同的解决方法,"质疑"的目的在于再思考,归纳总结通法,把握一类问题的本质,形成简洁明了、行之有效的方法,在彰显数学内在魅力的同时,也达到了举一反三的学习效果.

拓展 如图 10,已知直线 $y=kx+b(k\neq0)$ 与 x 轴相交于点 $A(3,0)$,与 y 轴相交于点 $B(0,4)$,点 P 为线段 AB 上一动点,连接 OP,设点 P 的横坐标为 m.

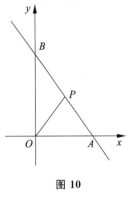

(1) 当 m 为何值时,$\triangle OPA$ 是以 OA 为底的等腰三角形?

(2) 当 m 为何值时,线段 OP 的长度最短?

教师:如何结合图形,学会分析问题,寻找解题思路?

图 10

学生 14:当点 P 为线段 AB 的中点时,有 $OP=PA$,所以 $m=\dfrac{3}{2}$.

学生 15:当 $OP\perp AB$ 于点 P 时,线段 OP 的长度最短.

众生(教师板书):利用面积法求出 $OP=\dfrac{12}{5}$,$PA=\dfrac{9}{5}$,$S_{\triangle OPA}=\dfrac{54}{25}=-2m+6$,所以 $m=\dfrac{48}{25}$.

问题串的设置实现了知识的系统化、结构化,直击思维灵活性,学生探究兴趣盎然.

学生讨论归纳后,提出新问题:

(1) 若把上述问题中"以 OA 为底"的条件删去,如何求解 m?

(2) 当 m 为何值时,OP 分成的△OPA 与△OPB 均为等腰三角形?

(3) 当 m 为何值时,OP 分成的△OPA 与△OPB 的周长相等?

设计意图 随着点 P 在线段上运动,关注动点 P 在特殊位置的变化轨迹,构建几何模型,寻求等量关系,类比迁移方法."质疑"的目的在于通过深化问题,活化课堂,强化课堂教学的生成意识,从数形结合的角度,以动点 P 为载体,铺设思维训练台阶,变化问题.教学内容体现的是数学的"形",而给学生留有充分探究和自由发挥的空间的教与学,要追求的是数学的"神",只有"形神"兼备才是真正的高效教学.

4. 教学反思

4.1 精心设问、重视基本图形分析是提高数学探究活动课有效性的关键

学生探究活动主要以问题引领,数学问题的设问角度和质量成为影响教学探究活动的最主要因素之一.本课例通过置疑、悟疑、生疑、质疑四个探究台阶,引导学生用图形变换和运动的观点生长问题,深度解读一次函数的图像及性质.对基本图形的结论进行梳理和小结,揭示问题的内涵,体验直线上动点变化的奇妙,注重知识的理解与应用,让学生感悟到数学问题多样性和变化性的同时,掌握解决同一类问题的方法,学会深层思考,达到较高级的认知层次.

4.2 拓展数学知识、揭示思维过程是研究问题的主要手段

综观本课例的探究活动,以一个结论开放型的问题情境引导学生探究,推理概括出一元一次方程、不等式与一次函数的内在联系,从数与形的视角去理解动直线变换过程中的位置与动点坐标之间的对应关系,关注了学生由操作到数学思考的活动积累,在学生的最近思维发展区进行变式拓展,围绕一次函数图像的核心知识展开专题研究,在师生智慧碰撞中探寻思路,在解题思路的探索中凝成方法,真正实现会一题、通一类,最终实现思维活动从无序到有序、从感性向理性的提升与飞跃.

4.3 聚焦核心知识、指向核心素养是把握问题本质的主要环节

数学学习的主要目标之一就是以问题为载体,渗透并引导学生提炼数学

思想.本课例从"数形结合"的角度,以动点 P 为载体,以"疑问"的"来龙去脉"为教学主线,引导学生对数形结合、类比转化、从特殊到一般等数学思想的运用产生新的突破,通过构造基本模型,实现点坐标与线段长度之间的灵活转化,鼓励学生提出新问题,学生思维在问题引导下深入,深刻而持久,将纷繁复杂的运动变化过程梳理为条理化的分析研究,提升学生的思维品质.

本课例以"疑问"为教学主线,围绕一次函数的数与形开展课堂教学,"疑"启发"思","思"围绕转化、分类、数形结合等数学思想,以及类比、迁移、建模等数学方法展开,"疑问"的设计体现了对学生在数学相关知识和方法的理解深度,以及在探究活动中表现出来的思维方式的优化,由直线的特殊点变化为问题源,生长问题,挖掘内涵,有效培养了学生思维的深刻性和灵活性,关注了通解通法.问题探究强化了过程性学习,强调了预设与生成的有机结合,在"入乎其内"到"出乎其外"的问题研究中,待特殊情形解决之后将问题及其解法向一般化推广,帮助学生在数学思想方法的认识上实现质的飞跃.

问题驱动　模型识别　揭示本质
——基于求解初中几何最值问题的探究与思考

建构主义理论提出,学生的数学知识是意义建构的,而不是被动灌输而成的.数学探究活动必须突出学生学习的主体性,引导学生亲历体验并参与探究过程,通过学生自主探索和思考,在数学建模、类比转化等多方面得到进步和发展,从而提高探究活动的有效性.下面就初中几何最值问题的教学实践,谈谈如何通过建模教学,引导学生揭示几何最值问题的内涵,梳理方法,理解几何模型的深层意义.

1. 解读问题,明确目标

1.1　梳理结构,探究特征

以苏科版数学九年级几何最值问题为探究主题,解读教材内容.在平面几何问题中,当某几何元素在给定条件变动时,求某几何量(如线段的长度、图形的面积、角的度数)的最大值或最小值问题,称为几何最值问题.解决几何最值问题时应用的几何性质有:① 三角形的三边关系:两边之和大于第三边,两边之差小于第三边;② 两点间线段最短;③ 连接直线外一点和直线上各点的所有线段中,垂线段最短;④ 定圆的所有弦中,直径最长.

几何最值问题是初中数学学习的难点之一,主要考查学生的逻辑思维能力和空间观念.学生对此类问题往往感觉无从下手,找不到适当的切入点,导致思维阻滞.通过本课例的探究,尝试以数学建模为解决问题的突破口,基于问题解决,设计问题串展开探究学习,渗透"数形结合""类比"等数学思想,帮助学生揭示几何图形变换的规律、积累解决问题的策略,提升学生解决问题的能力.

1.2 理解问题,凝聚思想

求线段和的最值类问题的探究思路在于:通过平移、旋转及轴对称等图形变换转化为求两点之间或点到直线之间的最短距离问题.此类问题的几何图形变换,往往改变了特殊点的位置,但不改变形状和大小,可以通过建模、优化图形结构,整合图形信息,使复杂问题更直观、简洁.如遇涉及生活实际问题,可以通过对实际问题的分析、尝试,构建相关几何模型,引导学生在质疑探究中感悟建模的思想和方法,提升学生的抽象、概括和演绎推理能力.

1.3 提炼模型,形成方法

基本模型 1 在直线 l 上求一点 P,使线段 $PA+PB$ 最短.

如图 1,作点 A 关于直线 l 的对称点 A',连接 $A'B$ 交直线 l 于点 P,因为 $PA=PA'$,所以 $PA+PB=PA'+PB=A'B$.此时,线段 $A'B$ 最短.

基本模型 2 如图 2,当 A、B 两点位于直线 l 的两侧时,连接 AB 交直线 l 于点 P,$AP+BP=AB$.此时,线段 AB 最短.

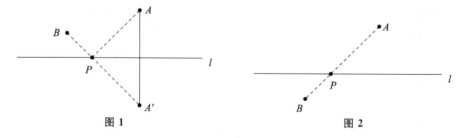

图 1   图 2

基本模型 3 如图 3,⊙O 中过圆内一点 P 的最长弦是直线 AB,当弦 $CD \perp AB$ 于点 P 时,弦 CD 是过点 P 最短的弦.

基本模型 4 如图 4,⊙O 外一点 P 与⊙O 上的点连接的线段中,PA 最短,PB 最长,当⊙O 上的动点与点 P 的连线与 PO 构成的角的度数最大时,动点与点 P 的连线与⊙O 相切.

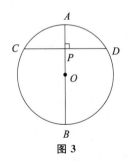

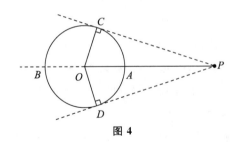

图 3   图 4

2. 凸显主体,回归模型

2.1 问题驱动,引领思维

数学模型描述了各变量间的数量和位置关系,可反映特定问题的数学关系结构.几何最值问题可通过数学建模来表达和体现,把数学模型看作几何知识的起点和主线.探究建模,不是简单地对数学公式、定义、定理、公理等逐条罗列,而是挖掘一组问题中包含的数学模型,通过建模解决问题,达到建构、内化知识结构的目的.

问题 1 如图 5,在平面直角坐标系中,$Rt\triangle AOB$ 的顶点 A 在 x 轴的正半轴上,顶点 $B(3,\sqrt{3})$,点 $C\left(\dfrac{1}{2},0\right)$,点 P 为斜边 OB 上一动点,求 $PA+PC$ 的最小值.

解析 如图 6,作点 A 关于 OB 的轴对称点 A',连接 $A'C$ 交 OB 于点 P,有 $PA=PA'$,$PA+PC$ 的最小值即为 $PA'+PC=A'C$ 的长度.计算出 $A'\left(\dfrac{3}{2},\dfrac{3}{2}\sqrt{3}\right)$,过点 A' 作 $A'H\perp x$ 轴,$Rt\triangle A'HA$ 中,$AH=\dfrac{3}{2}$,$OC=\dfrac{1}{2}$,所以 $CH=1$,$Rt\triangle A'CH$ 中,$A'C=\sqrt{CH^2+A'H^2}=\dfrac{\sqrt{31}}{2}$.

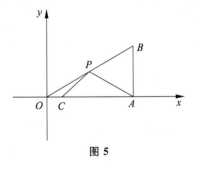

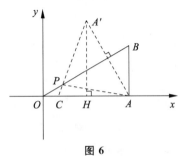

图 5   图 6

2.2 合理设计,强化联系

拓展 1 如图 7,点 P 是正方形 $ABCD$ 的对角线 BD 上的一个动点(不与点 B、D 重合),连接 AP,过点 B 作 AP 的垂线,垂足为 H,连接 DH,若正方形的边长为 4,求线段 DH 长度的最小值.

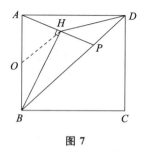

图 7

解析 取 AB 的中点 O,连接 OH,依据直角三角形斜边上的中线等于斜边的一半,Rt$\triangle ABH$ 中,$OH = \frac{1}{2}AB = 2$.当点 O、H、D 共线时,线段 DH 长度有最小值.Rt$\triangle AOD$ 中,$OD = \sqrt{AD^2 + OA^2} = 2\sqrt{5}$,$DH = DO - OH = 2\sqrt{5} - 2$.

2.3 关注生成,优化策略

拓展 2 如图 8,菱形 $ABCD$ 的边 $AB = 8$,$\angle B = 60°$,点 P 是 AB 边上一点,$BP = 3$,点 Q 是 CD 边上一动点,将梯形 $APQD$ 沿直线 PQ 折叠,A 的对应点为 A',当 CA' 的长度最小时,求线段 CQ 的长度.

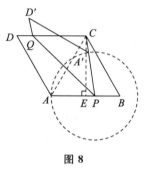

图 8

解析 由对称性得 $PA' = PA$,所以点 A 的对应点 A' 在以点 P 为圆心、PA 为半径的圆上,点 C 是 $\odot P$ 外一点,根据点与圆的关系可知:连接 CP 交 $\odot P$ 于点 A',此时 CA' 最小.由菱形可知,$AE = 4$,$CE = 4\sqrt{3}$,因为 $BP = 3$,所以 $EP = 1$,$CP = \sqrt{CE^2 + EP^2} = 7$.

3. 追根溯源,积累经验

3.1 动态探究,寻求本质

数学建模的目的指向探究几何最值问题的本质,通过动态变换建模求解,引导学生获得一些关于几何最值的知识、建模技能和"基本经验",在动态变化过程中寻求不变规律,在感性认识到理性认识的体验过程中积累基本的活动经验.

问题 2 如图 9,直线 $y = -\frac{3}{4}x + 3$ 与 x 轴、y 轴分别交于点 A、B.点 Q 是以点 $C(0, -1)$ 为圆心、1 为半径的圆上一动点,过点 Q 的切线交线段 AB 于点 P,求线段 PQ 的最小值.

解析　连接 CQ、CP,由于 PQ 为 $\odot C$ 的切线,所以 $PQ \perp CQ$,当 CP 垂直于 AB 时,PQ 最小.又 $\triangle CPB \backsim \triangle AOB$,所以 $\dfrac{CP}{AO}=\dfrac{BC}{AB}$,即 $\dfrac{CP}{4}=\dfrac{4}{5}$,$CP=\dfrac{16}{5}$.在 $\mathrm{Rt}\triangle CQP$ 中,$PQ=\sqrt{CP^2-CQ^2}=\dfrac{\sqrt{231}}{5}$.

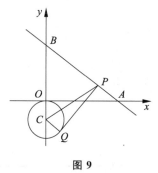

图 9

3.2　变式拓展,活化思维

变式 1　如图 10,在平面直角坐标系 xOy 中,分别以点 $A(2,3)$ 和 $B(3,4)$ 为圆心,以 1、3 为半径作 $\odot A$ 和 $\odot B$,点 M、N 分别是 $\odot A$、$\odot B$ 上的动点,点 P 为 x 轴上的动点,求 $PM+PN$ 的最小值.

解析　如图 11,作 $\odot A$ 关于 x 轴的对称图形 $\odot A'$,连接 $A'B$ 与 x 轴交于点 P,与 $\odot A'$ 的交点为 M',与 $\odot B$ 的交点为 N.连接 PA,PA 与 $\odot A$ 的交点为 M,则此时 $PA+PB$ 的值最小,从而 $PM+PN$ 的值也最小,最小值为线段 $M'N$ 的长.由图 11 易得 $A'(2,-3)$,由两点间距离公式得 $A'B=5\sqrt{2}$.故 $M'N=5\sqrt{2}-4$,即 $PM+PN=5\sqrt{2}-4$.

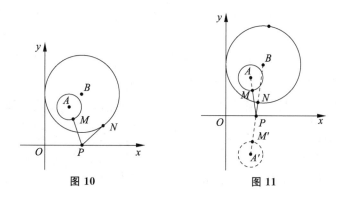

图 10　　　　　　图 11

3.3　变式感悟,发展能力

变式 2　如图 12,已知 A、B 两点的坐标分别为 $(2,0)$、$(0,2)$,$\odot C$ 的圆心坐标为 $(-1,0)$,半径为 1,点 D 是 $\odot C$ 上的一个动点,线段 DA 与 y 轴将交于点 E,求 $\triangle ABE$ 面积的最小值.

解析　如图 13,当 AD 与 $\odot C$ 相切时,$S_{\triangle AOE}$ 最大,$S_{\triangle ABE}$ 有最小值.

$Rt\triangle AOE \backsim Rt\triangle ADC$,有 $\dfrac{OE}{DC}=\dfrac{AO}{AD}$,所以 $OE=\dfrac{\sqrt{2}}{2}$,$S_{\triangle ABE}$ 的最小值为 $\dfrac{1}{2}\times$

$\left(2-\dfrac{\sqrt{2}}{2}\right)\times 2=2-\dfrac{\sqrt{2}}{2}$.

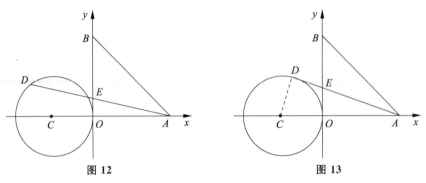

图 12   图 13

4. 反思结构,优化方法

将几个背景相似、角度不同,但又在建模方法和解题技巧等方面具有相似性或有内在联系的几个最值问题组合在一起,作为一个几何最值问题系列展开探究,反思归纳,通过拓展问题,上升到思想方法的层面发展学生的思维能力.

拓展 在直角坐标系中,已知 A、B 两点的坐标分别为 $(3,2)$、$(1,5)$.

(1) 若点 P 的坐标为 $(0,m)$,问 m 为何值时,$\triangle PAB$ 的周长最短,并求出 $\triangle PAB$ 的周长.

(2) 若 C、D 两点的坐标分别为 $(0,a)$、$(0,a+4)$,问 a 为何值时,四边形 $ABDC$ 的周长最短,并求出此时的周长.

解析 (1) 如图 14,作点 B 关于 y 轴的对称点 $B'(-1,5)$.已知 $A(3,2)$,所以直线 AB' 的解析式为 $y=-\dfrac{3}{4}x+\dfrac{17}{4}$,求出点 $P\left(0,\dfrac{17}{4}\right)$,因此当 $m=\dfrac{17}{4}$ 时,$\triangle PAB$ 的周长最短,此时 $\triangle PAB$ 周长为 $5+\sqrt{13}$.

(2) 如图 15,作点 A 关于 y 轴的对称点 $A'(-3,2)$.作 $A'B'/\!/y$ 轴,取 $A'B'=CD=4$,有 $B'(-3,6)$,连接 BB' 交 y 轴于点 D,因为 $A'B'/\!/CD$,且 $A'B'=CD$,所以 $A'B'DC$ 为平行四边形,直线 BB' 的解析式为 $y=-\dfrac{1}{4}x+\dfrac{21}{4}$,有 $\dfrac{21}{4}=a+4$,$a=\dfrac{5}{4}$,此时四边形 $ABDC$ 的周长最短,为 $\sqrt{17}+\sqrt{13}+4$.

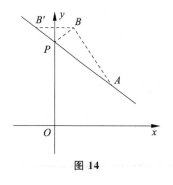

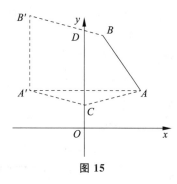

图 14   图 15

5. 解法自然,通性通法

设计问题对几何最值问题从不同角度、不同情形、不同层次做出有效变化,使几何最值问题的条件、结论及形式发生变化,以探究的变式问题为思维的载体,引导学生自觉体验几何模型的形成过程、逻辑推导过程和类比拓展提升过程.

变式 3 如图 16,在平面直角坐标系中,$A(-4,0)$,$B(0,4)$,点 C、D 分别为 OA、OB 的中点.正方形 $OCED$ 绕点 O 顺时针旋转,得到正方形 $OC'E'D'$,记旋转角为 $\alpha(0°<\alpha<360°)$,连接 AC'、BD',设直线 AC' 与 BD' 相交于点 F,求点 F 纵坐标的最大值.

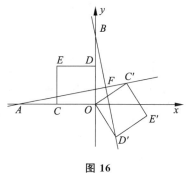

图 16

解析 如图 17,$\angle BFA=\angle BOA=90°$,则 F、B、O、A 四点共圆,且点 F 的纵坐标随 $\angle FAO$ 的增大而增大.点 C'、D' 在以 O 为圆心、2 为半径的⊙O 上运动,当 AF 与⊙O 相切时 $\angle C'AO$ 最大,此时 E' 与 F 点重合,过点 F 作 $FH\perp x$ 轴于点 H,此时 $Rt\triangle AOC'$ 中,$OC'=2$,$OA=4$,有 $\angle OAC'=30°$,所以 $FH=\dfrac{1}{2}AF$,又 $AF=AC'+C'F=2\sqrt{3}+2$,所以点 F 的纵坐标的最大值为 $FH=\dfrac{1}{2}AF=\dfrac{1}{2}(2+2\sqrt{3})=1+\sqrt{3}$.

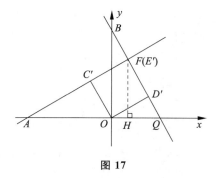

图 17

《义务教育数学课程标准》(2011 年

版)中倡导"让学生获得广泛的数学活动经验".数学学习的本质是学生自主建构自己对数学知识理解的过程,学生的学习过程是真正意义上的再创造过程.

探究几何最值问题,要学会构图,循点觅形,生长图形,在动态变化中整体把握图形之间的联系,提炼出基本模型,化繁为简,模型引领,揭示几何最值问题的本质属性.

求解几何最值问题要顺着问题解决的脉络,引导学生从问题解决中建立几何模型,将问题解决后引出新问题,再质疑、变式拓展,做到解一题、连一片、通一类,通过"螺旋递进式"的探究培养学生的问题意识,提升学生灵活解决问题的能力,进而体会探究数学问题的无穷乐趣,体悟成功的喜悦.

问题引导　深度思考　明晰内容
——例说初中数学微探究的实践与思考

初中数学课堂教学微探究主要着力于学生的学,是一种类似于课题研究的学习模式.微探究的教学目标指向培养学生的问题意识和探究能力,教师尝试将教学内容转变为"微探究"任务,在问题引导下启发学生主动探究,有效改正传统学习方式的缺点,基于学生的亲身经历,以疑问激发他们的未知欲望,优化学生的数学思维方式和思维品质,具有提高学生学习效果和探究能力的功效.

《义务教育数学课程标准》(2011年版)指出,综合与实践是一类以问题为载体,重视问题情境创设,以学生主动参与为主的学习活动.倡导教师深入用好教材、挖掘教材,并在教材内容的基础上开发微探究学习实践活动,精心设计一个微探究学习内容,充分调动学生的学习积极性,引导学生善于思考、乐于探究.下面以苏科版数学九年级(上)第二章第四节"圆周角(3)——圆内接四边形"为微探究课题,谈谈在教学实践中的一些收获和认识.

1. 微探究学习内容分析

微探究学习内容为苏科版数学九年级(上)第二章第四节"圆周角(3)——圆内接四边形",其学习目标为:① 掌握圆内接四边形的概念及其性质定理;② 引导学生经历探究"圆内接四边形的对角互补"的学习过程,培养学生动手操作、自主探索和合作交流的能力;③ 培养学生合情推理意识,掌握说理的基本方法,渗透从特殊到一般、类比、转化等数学思想.

2. 问题启智,类比探究

从具体的作四边形的外接圆的动手操作实验出发来设计微探究学习内容,类比作三角形外接圆的方法,激发学生的思维,使其始终处于积极主动的状态,通过猜想、发现与归纳推理,理解数学概念.数学概念的形成过程是进行数学思想方法教学的最好载体,引导学生理解没有"过程"就没有"思想".

问题 1 (1)过三角形的三个顶点能画一个圆吗?为什么?

(2)过三角形三个顶点的圆叫什么?这个三角形又称为什么?

(3)过四边形的四个顶点能画一个圆吗?为什么?

(4)如图1,已知四边形 $ABCD$ 是⊙ O 的内接四边形,请探究∠ A 与∠ C,∠ B 与∠ D 之间有怎样的数量关系.为什么?用几何语言准确表述你的发现.

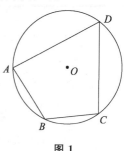

图 1

解析 尝试从画图实践操作入手,类比探究圆内接四边形 $ABCD$ 的性质,得出∠ A + ∠ C = ∠ B + ∠ D = $180°$ 的数量关系,归纳出"圆的内接四边形对角互补".

设计意图 关注学生微探究学习方式,引导学生自己经历思考的过程,通过交流合作和动手操作感受和体验知识发生、由来的过程,在学生亲身感受、体验后,抓住四边形 $ABCD$ 与⊙ O 的位置特征,运用合情推理探索结论,从"共同特征"中归纳"本质特征",获得数学学习经验.

3. 理解性质,提炼方法

从简单的特例出发,寻求圆周角之间的数量关系,以数学知识的探究过程为学习重心,通过学生独立思考发现圆内接四边形的性质,设计动态变化的微探究问题情境,从本质上探究圆周角之间的合理联系与逻辑联系.

问题 2 如图2,已知四边形 $ABCD$ 内接于⊙ O,若∠ AOC = $140°$.求:(1)∠ ABC 的度数;(2)∠ OAD + ∠ OCD 的度数.

变式 1 若 DA = DC,你能求出哪些角的度数?

变式 2 已知四边形 $ABCD$ 内接于⊙ O,若有平行四边形 $ABCO$,你能求出哪些角的度数?

解析 当 $\overset{\frown}{DA}$ = $\overset{\frown}{DC}$ 时,有∠ OAD = ∠ OCD = $35°$,得出结论∠ ABC = $110°$,∠ OAD + ∠ OCD = $70°$不变.当点 B 在 $\overset{\frown}{AC}$ 上特殊位

置时有四边形 $ABCO$ 为平行四边形,可有 $\angle ABC = \angle AOC = 2\angle ADC$,依据 $\angle ABC + \angle ADC = 180°$,得出 $\angle ABC = 120°$,$\angle ADC = 60°$ 等结论.

微探究问题设计基于学生数学基本活动经验,言简意赅,应用圆内接四边形性质解决问题简约明了,以特殊圆周角度数为突破口,帮助学生快速捕捉、理解有效信息,解决问题.

拓展 如图 3,已知四边形 $ABCD$ 内接于 $\odot O$,若 $DA = DC$,$\angle ABC = 110°$,点 E 在 $\overset{\frown}{DC}$ 上,(1)求 $\angle E$ 的度数;(2)类比探究,提出新问题.

解析 (1)连接 AC,在等腰 $\triangle DAC$ 中,求出 $\angle DAC = 55°$.解读"四边形 $ACED$ 内接于 $\odot O$"模型,得 $\angle DAC + \angle E = 180°$,求出 $\angle E = 125°$;

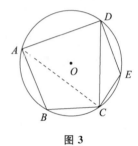

图 3

(2)引导学生探究当点 D 在 $\overset{\frown}{AEC}$ 上运动时,例如当点 D 在 $\overset{\frown}{AEC}$ 的 $\frac{1}{3}$ 分点时,从运动的观点,$\angle E$ 的度数与哪些变量有关,寻求变化的几何图形中不变的数量关系.

在圆上增加一动点,将图形变换,一图多用,一题多变,问题设置别致精巧,平中见奇,微探究指向培养学生探究能力,帮助学生正确理解基本图形、基本知识,通过特殊圆周角的求解,实现知识立意到能力立意的转变.

设计意图 通过将条件弱化或增强,从而转化为微探究新问题,引导学生对数学问题进行引申、推广,促使学生积极思考,寻求最佳的解决思路,积累经验方法,培养学生自主探究、合作学习的能力.问题 2 难度较低,旨在为后续探究做好铺垫,拓展问题为学生提供了展示自己智慧的舞台,使其在新问题情境中探求出解决陌生问题的方法.

4. 变式探究,拓展延伸

构建"圆的内接四边形的一个外角等于它的内对角"几何模型,联系三角形角平分线和三角形相似等相关性质,采用类比联想的研究方法,及时归纳总结出解决此类问题的一般方法,帮助学生在变式的微探究的思考中发现一类数学问题的本质和规律,经历数学知识的再发现过程.

问题 3 如图 4,四边形 $ABCD$ 内接于 $\odot O$,$DB = DC$,$\angle DAE$ 是四边形 $ABCD$ 的一个外角,问 $\angle DAE$ 与 $\angle DAC$ 相等吗?为什么?

变式 1 如图 4,$\triangle ABC$ 内接于 $\odot O$,AD 为 $\triangle ABC$ 的外角平分线,交

⊙O 于点 D,连接 BD、CD,判断△DBC 的形状,并说明理由.

变式 2 如图 5,若 AF 平分∠BAC,连接 DF,问:DF 与 BC 有怎样的位置关系?为什么?

解析 通过寻求相等量,巧妙转化,寻求∠$DAE=∠DCB=∠DBC$.变式 1 与问题 3 互逆,拓宽了学生的视野,强化了一般方法的共性.变式 2 从等弧数量关系出发,$\overset{\frown}{BD}=\overset{\frown}{CD}$,$\overset{\frown}{BF}=\overset{\frown}{CF}$,依据圆的对称性判断弦 DF 是⊙O 的直径,进而判断 DF 垂直平分 BC.

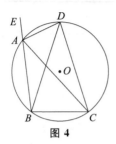

图 4

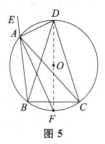

图 5

拓展 如图 6,四边形 $ABCD$ 内接于⊙O,AC、BD 交于点 F,BA、CD 的延长线交于点 E,若 $CB=CA=AE$.(1)判断 BD 是否平分∠EBC,说明理由;(2)若 $CD=6$,$BD=8$,求 DF 的长.

解析 (1)依据圆内接四边形的性质,寻求等腰△ACE、△CAB 的角之间的数量关系.∠$CAB=2∠EBD$,∠$CAB=∠EBC$,故∠$EBD=∠CBD$.

(2)分析几何图形的特征,有△CDF∽△BDC,发现 $CD^2=DF \cdot DB$,求出 $DF=\dfrac{9}{2}$.

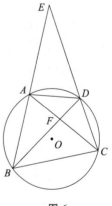

图 6

通过变式问题纵向拓展,在编制问题、解决问题、完善问题的系列操作过程中经历了数学思维的运用与逐步完善,数学微探究过程不止于数学知识的发生、发展和形成过程,更在于数学知识、经验、思想方法的内化和迁移过程,从特殊到一般进行探究,体现数学思维中的"火热思考",指向解题突破时要回归到"圆的内接四边形性质"的核心概念.

设计意图 基于"理解数学"的视角,通过将问题设计成同一模型多个层次的问题串,变式探究,分散难点,逐层展开,循序深入,数学微探究按图 7 所示方式展开,真正体现了《义务教育课程标准》(2011 年版)人人学有用的数学,不同学生在数学上得到不同发展的理念.

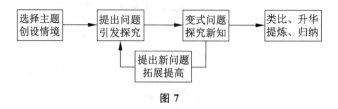

图7

5. 沉淀思维,积累经验

突出能力培养应重视在问题解决中渗透数学思想方法,数学思维训练的重要目的是积累解题经验,拓展数学思维深度,优化解题策略.在思考题中以旋转变换为问题载体,涉及操作不变性思想和分类讨论的思想方法,帮助学生从特殊到一般的角度理解"化动为静、动静结合"的方法.

思考题 如图8,在△ABC中,AB=AC,以 AB 为直径的⊙O 交 BC 于点 D,交 AC 于点 E.(1) 如图①,若 AB=6,CD=2,求 CE 的长.(2) 如图②,当∠A 为锐角时,试判断∠BAC 与∠CBE 的数量关系,并证明你的结论.(3) 图②中的边 AB 不动,边 AC 绕点 A 按逆时针方向旋转,当∠BAC 为钝角时,CA 的延长线与⊙O 相交于点 E,如图③,试判断∠BAC 与∠CBE 的数量关系是否与(2)中得出的数量关系相同.若相同,请加以证明;若不同,请说明理由.

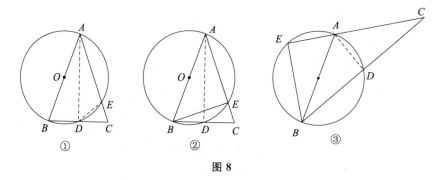

图8

解析 (1)如图①,连接 DE、AD,发现点 D 为 BC 的中点.又△CDE∽△CAB,可计算出 DE=2,$CE=\dfrac{3}{4}$.(2) 如图②,连接 AD,得出∠BAD=∠DAC=∠EBC,因此∠BAC=2∠CBE.(3) 如图③,连接 AD,有∠CAD=∠BAD,又四边形 AEBD 内接于⊙O,有∠CAD=∠EBC,所以问题(2)的结

论仍成立.

设计意图 "好奇—探究—解题—感悟—创新"是数学微探究学习的必由之路,以激发学生动手操作实验为主线贯穿整个教学过程,问题设计从发散性视角培养学生的学习兴趣,因材施教,引导学生在微探究学习过程中深层地体会学习的乐趣.

课堂教学中,教师重视微探究学习的过程,微探究问题设计遵循学生的认知规律,立足于学生的实际认知水平和能力,以开放性、探究性的数学问题引导学生独立思考、合作发现,帮助学生正确理解问题,避免出现"只见教师智慧,不见学生感悟"的现象.数学微探究对于学生学习方式的转变、培养学生的数学问题意识、培养学生的质疑问难能力,具有十分重要的现实意义.

教学微探究是一种行之有效的教学方法,教师根据教材特点、学情设计微探究内容,让学生在经历知识的形成与应用的过程中,真正理解数学知识、内化知识结构、形成技能、积累方法、获得数学思想方法;通过数学微探究的学习,让学生更加有兴趣地学习知识,提升学生实践动手能力,提高数学思维模式的层次,提高教学效果,真正践行有效教学.

问题引领 深度思考 活动积累经验
——基于促进学生数学深度学习经验积累的教学设计

《义务教育数学课程标准》(2011 年版)中明确提出了课程目标的"四基"要求,把"基本思想和基本活动经验"确定为教学目标.数学活动经验是学习者在参与数学活动的过程中形成的感性知识、情境体验和应用意识.基于"问题取向"的教学设计是指对数学的好奇心和求知欲、数学学习活动中获得的成功体验和解题策略.笔者尝试通过设计问题启迪学生探究、感悟,积累数学活动经验,在问题求解中获得数学方法,通过经验的积累上升到抽象,从而达到思维的可持续发展.

1. 创设学习平台,提升学习能力

数学活动经验的取得,应该是一个自我经历、自主探究的过程.教学设计必须注重学生主观能动性的发挥,立足"从生活中来、到生活中去",通过创设多样化的探究情境,引导学生将学习兴趣自觉融入生活实践.通过教师启发引导,让学生在课前开展充分的、开放性的自主探究,从而引起学生的学习兴

趣,使求知成为一种获取数学活动经验的直接内动力.

案例1 苏科版数学七年级(下)"多边形内角和".创设探究情境,由生活体验导入新知.

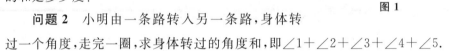

(多媒体演示)小明沿广场小路,从 A 处开始按逆时针方向沿图1中的路线走一圈,返回 A 处.

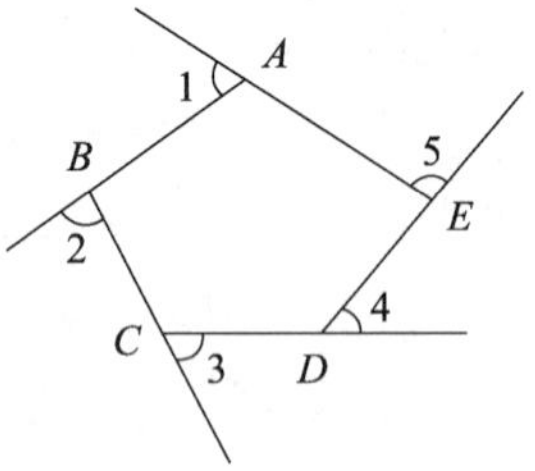

问题1 该小路围成什么图形?图中五个内角的和是多少度?

图 1

问题2 小明由一条路转入另一条路,身体转过一个角度,走完一圈,求身体转过的角度和,即 $\angle1+\angle2+\angle3+\angle4+\angle5$.

问题3 如何理解"转过"的几何意义?请用几何语言叙述.

问题4 探究该图形的内角和、外角和的求解方法,能发现什么?

教学启示 基于实践的思考,小明的五个"转身"帮助学生形成结构性、完整性的思维,本案例设计的问题引导学生主动参与观察、分析、思考、归纳出五边形内角和、外角和的求解方法,由五边形的探索方法类比探究六边形、n 边形边数与内角和、外角和的数量关系,帮助学生理解几何图形的基本特征,把握知识间的内在联系,突破学习难点.

2. 深度挖掘,注重知识生成过程

数学活动经验的取得必须依靠深入思考的探究活动,但经验的探究不是仅仅通过参与活动和简单思考就可以实现的,而是依赖于对情境的实践与认知,以及对数学思想方法的学习和体验.

由疑惑展开探究,学生在自主探究的基础上展开观察、猜想、验证、推理、归纳等一系列数学体验.教学设计贴近学生的最近思维发展区,关注学生的数学思维训练,由形象化、直观化回归到更有深度、更理性的探究上来,提升学生的思维水平,让不同层次的学生得到不同的发展.

案例2 苏科版数学九年级(上)"垂直于弦的直径"的教学设计接近学生直觉感受,由直觉猜想到逻辑证明,引领学生的数学思维渐入佳境.

问题1 如图2,如何证明点 A 与点 B 关于直线 MN 对称?

问题2 ⊙O 是轴对称图形吗?为什么?如果是,它的对称轴是什么?

问题3 图3中有哪些位置关系?可能会有哪些等量关系?

问题4 如图3,连接 OA、OB,用几种数学语言表述条件和结论,请折叠纸片演示,写出推理过程.

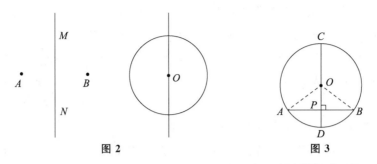

图 2　　　　　　　　　图 3

教学启示　在轴对称图形原有知识经验的基础上建构新知,把"等腰三角形是轴对称图形"作为探究的固着点,让学生折纸重叠"动"起来,在实验中感悟、明晰几何原理,教学设计使课堂变得生动有趣,几何推理使抽象变得具体,将数学思维引向深层(图 4).

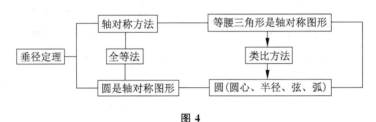

图 4

3. 纵深思考,拓展思维水平

有效的教学设计在于根据学生年龄特征、各阶段的认识水平和知识特点,逐步渗透方法训练,把一类问题一眼看"穿",数学思维训练螺旋上升,将旧知识提高深化或延伸扩展,进行思维训练的变通,将学生的知识与以往的学习能力融会贯通,真正学会高效解决问题,理解数学,揭示本质.

案例 3　苏科版数学九年级(上)"圆周角复习",内外关联,站在圆的结构特征的高度,延伸拓展,复习圆周角的相关知识内容.

问题 1　如图 5,在 ⊙O 中,直径 $AB=10$,弦 $AC=6$,CD 平分 $\angle ACB$ 交 ⊙O 于点 D.(1) 求 BC、AD、BD 的长;(2) 求 CD 的长.

问题 2　如图 4,在 ⊙O 中,AB 为直径,弦 $AC=6$,CD 平分 $\angle ACB$ 并交 ⊙O 于点 D,$AD=5\sqrt{2}$,求 AB、BC、CD 的长.

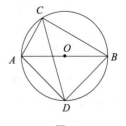

图 5

问题 3　如图 6,在 ⊙O 中,直径 $AB=10$,弦 $AC=6$,CD 平分 $\angle ACB$ 并

交 $\odot O$ 于点 D，试探求线段 AC、BC、CD 之间的数量关系.

问题 4 如图 6，在 $\odot O$ 中，点 C 为劣弧 AB 上一点，$\angle ADB=60°$，CD 平分 $\angle ACB$ 并交 $\odot O$ 于点 D.(1)判断 $\triangle ADB$ 的形状；(2)探求线段 AC、BC、CD 之间的数量关系.

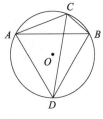

图 6

问题 5 请类比上述问题，提出新问题.

教学启示 通过条件转换特征，类比结论，搭建思维坡度，提出问题，再探究，借原题发挥，把相关联的知识点有机整合，以点带面，形成一个解题策略的经纬交织网点，融会贯通知识体系，实现由"知识取向"向"能力取向"的转化.

4. 领悟本质，探求自然解法

学习数学需要经历充分的观察、思考、比较的过程，从数学现象中去除个别的、非本质的属性，抽象出共同的本质属性，多层次、多角度地认识问题，掌握通法，这也印证了张景中院士所说的"一种方法解很多题，要好过很多方法解一个题"的真谛.

案例 4 苏科版数学八年级(上)"一次函数图像与性质的探究"，理解直线 $l_1:y_1=k_1x+b_1$，直线 $l_2:y_2=k_2x+b_2$，如果 $k_1=k_2$，则有直线 $l_1\parallel l_2$.

问题 1 (1)画函数 $y=-2x$，$y=-2x+1$，$y=-2x-3$ 的图像；

(2)画函数 $y=3x$，$y=3x+4$ 的图像.

问题 2 观察图中所画直线，能发现什么？能得出什么结论？

问题 3 如图 7，直线 $AB:y=3x+4$，直线 $PO:y=3x$，取点 $P\left(\dfrac{4}{3},4\right)$，过点 P 作 $PQ\perp x$ 轴于点 Q，能发现什么？

问题 4 如何通过平移将直线 AB 移到直线 PO、DC 的位置？

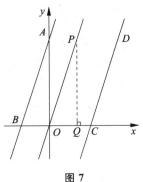

图 7

教学启示 设计问题串引导学生画图探究，经历一次函数模型特征的认识过程，观察归纳并从"形"的视角验证推理，理解一次函数的系数"k"与对应直线的位置关系的内在联系，真正体验"描点 $\xrightarrow{\text{感悟}}$ 平行 $\xrightarrow{\text{改变}b\text{的值}}$ 猜想 $\xrightarrow{\text{适时点拨}}$ 反思 $\xrightarrow{\text{推理证明}}$ 发现"这种类似于研究的教学设计，旨在将直线位置的探究权交给学生,突显数学"火热思考"的生成过程,生成图形,生成新的数学活动经验.

5. 成其必然,积累情感经验

许多数学活动都要求学生有多种经验参与其中,不仅要有操作的经验、探究的经验,也要有思考的经验,更要有应用的意识.富于智慧的教学设计,应引导学生经历反思推广的过程,数学活动经验的积累需要学生的自我反思,真正唤起学生的主体意识.

案例 5 苏科版数学八年级(下)"反比例函数的图像画法"的教学设计,由本源性的数学问题引导学生理解双曲线的结构特征,理解"形"与"数"的对应关系.

问题 1 回忆:什么样的函数是反比例函数? 如何定义反比例函数?

问题 2 在学习了反比例函数后,还准备研究它的哪些知识?

问题 3 研究函数的图像,你已经具备了哪些有效途径和经验?

问题 4 画出函数 $y = \dfrac{4}{x}$ 的图像.

问题 5 有学生画了图 8、图 9,请问函数的图像正确吗? 为什么?

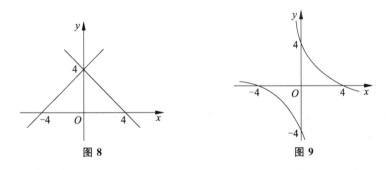

图 8   图 9

问题 6 如何说明你的图像是正确的? 不画图像,你能否猜出它的大致形状?

教学启示 此案例的教学设计旨在积累分析图像特征的活动经验,提升学生对反比例函数图像的想象力和判断力,问题设计中没有交流互助的学习环节,从宏观到微观,从大致到精致,在精确作图中发现问题,找出错因,自我纠正,有效地增加了学生的自信心,形成研究函数图像的新经验,体会数学学习的智慧价值.

基于问题驱动思考,思考如何发现问题、解决问题,形成可以借鉴的经验,实现对数学的认知从量变到质变的跨越.教学设计尝试构建一个"自然、和谐、高效"的生态课堂,以"问题探究"为突破口,调动学生的积极性,挖掘学生的潜能.通过"如何学"的思考,深入理解数学.思考帮助学生促进"积极性学",通过问题引导触及数学的深层结构,更新积累数学活动的经验.

数学学习是需要学生亲身经历体验学习过程的活动,学生通过亲身经历,获得最具本质和价值的数学活动经验.教育家陶行知打了这样一个比喻:我们要有自己的经验作"根",以该经验所发现的知识作"枝",然后别人的知识才能接得上去,别人的知识方可成为我们知识有机体的一个部分.因此,在教学中尝试让学生在亲历中体验,在体验中累积,让经验的"根"长得更深.

融问题图式教学,展布白之魅力
——例谈初中数学复习课"教学布白"的教学设计

绘画艺术讲究虚实相间、疏密有致.音乐艺术讲究休止符的精妙,休止符暂时停止,意味着音乐的另一种延续和深化.艺术家的创作意图,留下一些空白让人们去想象、去填补,可达到"此时无声胜有声"的艺术效果.初中数学"教学布白"是指数学教师根据教学内容、教学目标和学生的具体实际情况,给学生留下足够的时间和空间,以数学问题为引导,以关联的视角研究问题,让学生通过自主探究,理解、消化和补充,有效构建知识网络,深度提炼思想方法,全面提升综合学力.

数学问题图式教学以问题及其解法为研究对象,比较直观地将一类问题进行表征,帮助学生迅速理解问题本质,寻找解决问题的方法中蕴涵的共性,获得解决问题的一般学习程序.

数学问题图式教学围绕"创设数学情境—建立模型—解释、应用与拓展"展开学习探究,重点是建立在学生认知发展水平和已有知识经验的基础上创设数学情境.《义务教育数学课程标准》(2011年版)也指出:"数学教学应遵循学生学习数学的心理规律,使学生在获得数学理解的同时,在思维能力、情感态度与价值观等多方面得到进步和发展."把"教学布白"渗透在问题图式教学中,在数学问题的引导下,帮助学生循序渐进理解问题,主动建构和完善认知结构,这也是数学问题图式教学中思维能力训练的出发点.

数学"教学布白"遵循艺术创作中的"虚实相生"的规律,在教学时留有余地,追求启发思维的艺术效果,教师通过布"白",引导学生思考出"实"来,形成无穷的思维意境和幽远的探究氛围.

笔者以苏科版九年级数学复习课"抛物线与直角三角形"为例,利用"教学布白"手段将新旧知识进行联系整合,用已有"图式"理解新的知识点"图式",构建新的数学"问题图式",力求在培养能力层面上融会贯通,提升数学复习的有效性.

1. 教材解读

(1)目标要求:理解二次函数图像上点的坐标特征和几何意义,以运动中的点坐标为研究载体,依据抛物线上特殊点的坐标与方程的关系,运用直角三角形、相似三角形的判定和性质,解决抛物线背景下的直角三角形相关问题.

(2)思想方法:帮助学生掌握坐标与线段间的相互转化,学会分类讨论,熟练运用转化、数形结合、方程、函数等数学思想方法解决问题.

2. "教学布白"——衔接新旧知识

通过"教学布白"引导学生利用已有的知识去观察、思考抛物线衍生的几何基本图形特征,在问题链的引导下探求解题思路,寻求几何图形的内在规律.教师充分挖掘教材中的可操作实践因素,设计问题启智,探究抛物线上三点构成直角三角形的一般方法,揭示问题条件与结论运用的内在联系,引导学生在实践活动中理解、提炼方法,提高学生解决问题的能力.

问题 1 如图 1,二次函数 $y = \frac{1}{2}x^2 - \frac{3}{2}x - 2$ 的图像与 x 轴的两个交点为 A、B,与 y 轴的交点为 C.

(1)△ABC 的形状为_____;

(2)试在该抛物线上找到点 P,使△PAB 为直角三角形,点 P 的坐标为_____;

(3)试在该抛物线上找到点 Q,使△QBC 是以 BC 为直角边的直角三角形,求点 Q 的坐标.

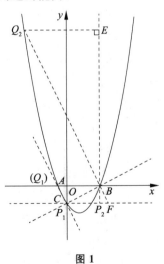

图 1

教学布白

(1) 如何构建问题图式揭示几何图形特征？

(2) 如何求解抛物线问题背景下的直角三角形顶点坐标？

(3) 如何用特殊点的坐标刻画相关线段的长度？

解析 (1) 直角三角形.

(2) $P_1(0,-2)$、$P_2(3,-2)$.

(3) 点 Q_1 与 A 重合，所以 $Q_1(-1,0)$. 列方程组 $\begin{cases} y=-2x+8 \\ y=\dfrac{1}{2}x^2-\dfrac{3}{2}x-2 \end{cases}$，解

得 $Q_2(-5,18)$. 利用 $\triangle BEQ_2 \backsim \triangle P_1P_2B$，也可求出点 Q_2 的坐标.

领悟二次函数图像的对称性和直角三角形的性质，捕捉 $CQ_1 \perp CB$、$BQ_2 \perp BC$ 的有效信息，利用两条互相垂直的直线的斜率积为 -1，联立直线和抛物线的方程组求解其交点坐标.

设计意图 根据抛物线位置特征实施教学布白，强调数学问题图式的关联性和应用性，帮助学生建立相关的数学问题图式，从具体问题到建立模型，积累经验，形成自己的思维体系.

3. "教学布白"——启迪智慧

"教学布白"以多元智能理论为依据，布白的思考发散方向指向明确。"教学布白"设置的问题以学生知识的"最近发展区"为出发点，虚实相生，辩证统一，不同的思维进行交融和碰撞，为学生提供了想象、思考、自学和运用的空间，智慧火花热烈绽放，真正实现知识的内化.

拓展 1 如图 2，二次函数 $y=ax^2+bx+c$ $(a>0)$ 的图像与 x 轴的两个交点为 A、B，与 y 轴的交点为 C，顶点为 P. 若 $\triangle ABP$ 为直角三角形，求 b^2-4ac 的值.

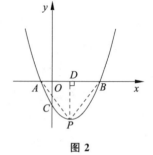

图 2

教学布白

(1) 如何识别抛物线背景下的特殊三角形几何特征，联想数学问题图式巧妙转化？

(2) 续上题条件，若 $\triangle ABP$ 为等边三角形，求 b^2-4ac 的值.

(3) $\triangle ABP$ 形状的变化，引起哪些几何量发生了变化，为什么？

解析 (1)过点 P 作 $PD \perp x$ 轴于点 D，$AB = \dfrac{\Delta}{|a|}$. 因为 $\triangle ABP$ 为直角三角形，所以 $DP = \dfrac{\sqrt{\Delta}}{4|a|}$，$AB = 2DP$，从而 $\Delta = 0$(舍)或 $\Delta = 4$.

(2)若 $\triangle ABP$ 为等边三角形，则 $\dfrac{\sqrt{3}}{2} AB = DP$，所以 $\Delta = 0$(舍)或 $\Delta = 12$.

(3)引导学生明晰因图形的形状变化而导致的点坐标变化的缘由，掌握点的坐标与线段长度的相互转化. 在 $\triangle ABP$ 中，寻求等量关系 $AB = 2DP$，运用整体思想转化为方程求解.

设计意图 通过数学问题图式的展示与拓展的缘由，把文字描述转换为几何图形语言，抓住问题图式特征，剖析转化技巧，数形相融，帮助学生把问题之间的数量关系非常清晰地刻画出来，通过"教学布白"把抽象问题直观化，有效地降低学生思考的难度，提升转化能力.

拓展 2 如图 3，二次函数 $y = mx^2 - 2mx - 3m$ $(m > 0)$ 的图像与 x 轴的两个交点为 A、B，与 y 轴的交点为 C，顶点为 P. 若 $\triangle BCP$ 为直角三角形，求 m 的值.

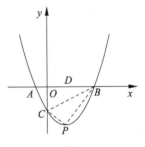

图 3

教学布白

(1)类比拓展 1，抛物线特征发生了什么变化？

(2)如何寻求等量关系将问题转化为方程的求解？

(3)如何把数学问题转化为数学模型？

解析 分类讨论:(1) $\angle BCP = 90°$，根据题意，求出 $A(-1, 0)$、$B(3, 0)$、$C(0, -3m)$、$P(1, -4m)$. 由 $BC^2 + CP^2 = BP^2$，即 $3^2 + (3m)^2 + 1^2 + (-m)^2 = 2^2 + (4m)^2$，解得 $m = \pm 1$($m = -1$ 舍)，所以 $m = 1$.

(2) $\angle BPC = 90°$，$CP^2 + BP^2 = BC^2$，即 $1^2 + (-m)^2 + 2^2 + (4m)^2 = 3^2 + (3m)^2$，$m^2 = \dfrac{1}{2}$，解得 $m = \pm \dfrac{\sqrt{2}}{2}$ $\left(m = -\dfrac{\sqrt{2}}{2} \text{舍} \right)$，所以 $m = \dfrac{\sqrt{2}}{2}$.

(3) $\angle CBP = 90°$，不存在.

引导学生正确分类讨论，有序表述，二次函数系数 a、b、c 转化为含字母 m 的代数式，尝试用参数变量 m 表示抛物线顶点 P 的坐标，迁移方法，类比探究,运用两点间的距离公式求出相关线段长度是解决此类问题的突破口.

设计意图 把同类的数学问题图式具体化、丰富化,激发学生的探究欲望,帮助学生通过类比方法构建直角三角形模型解决问题,通过"教学布白"充分感受事物之间"变"与"不变"的内在联系与相互转化,渗透辩证统一的思想和意识,帮助学生深刻把握问题的本质.

4."教学布白"——从学会到会学

"教学布白"是学习经验的积淀,更是数学思想方法厚积薄发的酝酿,"教学布白"的问题串设置由浅入深,数学思维训练拾级而上,引导学生运用已有知识去获取新知识,类比探究动点问题,拓展延伸,直面问题的本质内涵,使学生从学会到会学,实现"教是为了不教"的教学境界.

问题 2 如图 4,二次函数 $y = \frac{1}{2}x^2 - \frac{3}{2}x - 2$ 的图像与直线 $y = \frac{1}{2}x + 4$ 相交于点 A、B,已知点 P 为 x 轴上的一个动点.当 $\triangle PAB$ 为直角三角形时,求点 P 的坐标.

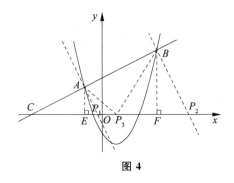

图 4

教学布白

(1) 点 P 为 x 轴上的一个动点,如何化动为静,探究几何图形中不变的规律?

(2) 尝试归纳求解直角三角形顶点坐标问题的基本思路和常用方法.

(3) 如何观察直角三角形图形几何特征,联想几何基本图形构建问题图式解决问题?

解析 设 $P(t, 0)$,$AP_1 \perp AB$ 于点 A,$BP_2 \perp AB$ 于点 B,$AP_3 \perp BP_3$ 于点 P_3.解得 $P_1\left(-\frac{1}{2}, 0\right)$、$P_2\left(\frac{19}{2}, 0\right)$.构建 $\text{Rt}\triangle AEP_3 \backsim \text{Rt}\triangle P_3FB$,有 $t^2 - 4t + 9 = 0$,$\Delta < 0$,无解.

通过构建直角三角形和相似三角形求解相关线段长度,揭示动点坐标的数量变化与位置变化规律,当动点 P 在 x 轴上时,联想构造 $Rt\triangle AEP_3 \backsim Rt\triangle P_3FB$,再次强化了建模、类比、转化等数学思想.本题也可类比上题,运用两点间距离公式,依据勾股定理列方程求解.

设计意图　对抛物线背景下的直角三角形形成一个解题模式,通过教学布白,提出解决此类模式所包含的所有问题,在类比中挖掘隐含条件,帮助学生透彻理解"类比源"中隐含的知识结构和方法规律,形成一个完整的思维链,提升数学建模、数据分析等数学素养,积累数学活动经验.

5."教学布白"——探究更主动

新课程强调尊重学生的不同个性,强调学生的数学学习是现实的、有意义的、富有挑战性的,在引导学生产生一种"心求通而未得、口欲言而未能"的"愤悱"心理的时候布下空白,留给学生"咀嚼"的思维余地,通过学生思考、讨论,利用学生个体间知识、能力和经验的差异互补解决问题,将隐性的思想方法显性化,唤起学生的热情和想象力,使数学课堂更有明确努力的目标、探究活动更主动.

拓展 1　如图 5,已知抛物线 $y = \frac{1}{4}x^2 - \frac{1}{4}(b+1)x + \frac{b}{4}$($b$ 是实数且 $b > 2$)与 x 轴的正半轴分别交于点 A、B(点 A 位于点 B 的左侧),与 y 轴的正半轴交于点 C.

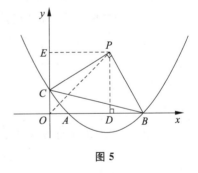

图 5

(1)点 B 的坐标为_____,点 C 的坐标为_____;(用含 b 的代数式表示)

(2)请你探索在第一象限内是否存在点 P,使得四边形 $PCOB$ 的面积等于 $2b$,且 $\triangle PBC$ 是以点 P 为直角顶点的等腰直角三角形.如果存在,求出点 P 的坐标;如果不存在,请说明理由.

教学布白

(1)三角形等面积变换的几何模型是什么?

(2)图式特征隐含什么信息?你发现了什么规律?

(3)遇到陌生复杂的数学问题,如何搭建思维的"脚手架",寻找解决问题的"落脚点",寻求数学模型将其转化为熟悉的问题,从而获得解题思路?

解析 （1）$B(b,0)$、$C\left(0,\dfrac{b}{4}\right)$.

（2）过点 P 作 $PE\perp y$ 轴于点 E，作 $PD\perp x$ 轴于点 D.设 $P(x,y)$，构建 $\mathrm{Rt}\triangle PEC\cong\mathrm{Rt}\triangle PDB$，有 $PE=PD$.又 $S_{PCOB}=2b=S_{\triangle POC}+S_{\triangle POB}$，有 $x+4y=16$.又 $x=y$，所以 $\begin{cases}x=\dfrac{16}{5}\\y=\dfrac{16}{5}\end{cases}$，即 $P\left(\dfrac{16}{5},\dfrac{16}{5}\right)$.

依据等腰直角三角形性质，构造出两个全等三角形，通过等积变换，把面积的数量关系转化为方程解决问题，寻求解决问题的突破口即 $\angle EPC=\angle DPB$，关注了学生的"方法性"和"思想性"，通过"布白"唤醒学生探究的积极性.

设计意图 继续研究"类比源"问题图式，帮助学生在头脑内部表征大量的问题模型，通过"教学布白"引导学生内化数学方法(综合法、分析法)，有效组合基本图式，学会概括、总结，寻找合理图式解决途径，加深对问题本质的认识，提升推理能力和创新能力.

6."教学布白"——课外延续探究

学好数学，还应充分利用课外的时间与空间，通过"教学布白"把课堂教学和课外活动有机结合起来，开阔学生的数学视野，拓展数学知识的深度和广度，优化思路，激发学生进一步渴求探究的心理，丰富学生的情感，提升学生的思维能力.

拓展 2 如图 6，已知关于 x 的二次函数 $y=-x^2+bx+c(c>0)$ 的图像与 x 轴相交于 A、B 两点(点 A 在点 B 的左侧)，与 y 轴交于点 C，且 $OB=OC=3$，顶点为 M.

（1）求出二次函数的关系式.

（2）点 P 为线段 MB 上的一个动点，过点 P 作 x 轴的垂线 PD，垂足为点 D.若 $OD=m$，$\triangle PCD$ 的面积为 S，求 S 关于 m 的函数关系式，并写出 m 的取值范围.

（3）在(2)的条件下，当点 P 的坐标是 _____ 时，$\triangle PCD$ 为直角三角形.

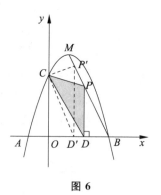

图 6

教学布白

（1）如何寻求动点 P 的运动特征,分类讨论转化问题?

（2）通过动点引起三角形面积变化的探究,能总结出哪些解题经验?

（3）反思结论中各种情形的数学价值,你能提炼出几个几何模型? 试提出一些有意义的问题,与同伴交流.

解析 （1） $y=-x^2+2x+3$.

（2）设 $P(m,-2m+6)$, $S=-m^2+3m(1\leqslant m<3)$.

（3）当 $\angle DPC=90°$ 时, $P\left(\dfrac{3}{2},3\right)$. 当 $\angle P'CD'=90°$ 时, $CD'^2=CO\cdot$ $P'D'$, $m=-3+3\sqrt{2}$,所以 $P'(3\sqrt{2}-3,12-6\sqrt{2})$.

依据动点 P 的位置特点,设 $P(m,-2m+6)$,寻求 $\triangle PCD$ 的面积数量关系,从函数、方程和数形结合的视角审视动态几何问题,引导学生体会问题的本质共性,理解解决此类问题的通性通法.

设计意图 通过"教学布白"帮助学生拓展课外探究空间,引导学生尝试画图,寻求特殊点的动态轨迹,以提升学生更高的图式水平和知识基础、在数学思维训练时高度表征问题中复杂数量关系的能力,提升学生的逻辑推理能力.

"教学布白"意在将学生作为学习的主体,在问题引领下,让学生带着疑问去探究、发现,以要解决的问题为中心,以抛物线背景下的直角三角形为问题图式展开引导、释疑,通过"教学布白"的形式带着学生走向问题,在疑惑探究中点燃智慧的火花.课堂教学中的布白艺术是课堂教学中美的升华,它的灵活运用较好地体现了学生的主体作用,增添了数学思维训练的意境,使初中数学课堂更具魅力.

迁移问题,助力深度探究

——以"二次函数——设元引参"专题复习为例

初中数学复习课教学常常通过呈现有序的主干问题串驱动学生深入思考,有序问题的层次性为学生提供了多样思维和探究的可能性,设计有序问题旨在聚焦数学主干知识间的关联,即数学思想方法、研究视角等之间的联系.深度开发有序问题的价值功能,把有序问题专题化,把已有的知识迁移到新的一类问题情境中,关注知识结构的变异空间,引导学生建立新旧知识的内在联系,重构知识结构,领悟理解一类问题的解决方法.

笔者尝试以苏科版数学九年级"二次函数——设元引参"专题复习课为例,设计一类有序问题的探究活动,引导学生深度思考,迁移方法,帮助学生获得新的知识与技能,提升数学素养.

1. 探究定点,经历转化

在学生的徘徊处再设问、点拨,启发学生质疑问难,尝试从函数知识点的联系与贯通的视角,探求定点求解的一般方法,并推广、引申、拓展解题思路.

问题 1 已知直线 $l:y=kx+2k+3(k\neq0)$,小李同学在画图时发现,无论 k 取何值,直线 l 总会经过一个定点 A.抛物线 $y=2x^2+bx+c(c>0)$ 经过点 A,与 y 轴交于点 B,直线 l 经过点 B.

(1)求点 A 的坐标;

(2)求该抛物线的解析式(用只含 b 的式子表示);

(3)当 $4<b<6$ 时,求 k 的取值范围.

解析 (1)直线 $y=(x+2)k+3$ 经过定点 $A(-2,3)$;

(2)把 $\begin{cases} x=-2 \\ y=3 \end{cases}$ 代入 $y=2x^2+bx+c$ 中,得 $c=2b-5$,故 $y=2x^2+bx+2b-5$;

(3)直线 l 经过点 $A(0,2b-5)$,有 $2b-5=2k+3$,$b=k+4$.又 $4<b<6$,故 $0<k<2$.

张奠宙教授曾说:"数学教学的有效性关键在于对数学本质的把握、揭示和体验."基于学生的学习经验提出问题,设计"设元引参"问题结构,清晰函数数形结合的内在联系,通过有序问题的尝试引导学生从多个思维角度理解问题的本质.

问题启智:

(1)如何理解直线经过一个定点?

(2)如何理解直线经过一个定点与抛物线经过一个定点,它们之间存在什么联系?

(3)如何分别从数和形的角度求解直线 $y=kx+2k+3(k\neq0)$ 经过的定点坐标?

(4)如何探求问题中 b 的取值变化与 k 之间的关系?一般方法是什么?

2. 数形结合,优化思维

变式问题,从数形结合的角度设计函数最值问题,通过让学生体验函数图像的直观性,促进学生对抛物线的对称性的结构性理解,掌握函数最值的求解方法.

变式 1(续问题 1 条件) 抛物线 $y=2x^2+bx+c$($c>0$)经过点 A,当 $1\leqslant x\leqslant 3$ 时,该函数有最大值 28,求 b 的值.

解析 如图 1,$y=2x^2+bx+2b-5$,因为 $c=2b-5$,所以 $b>\dfrac{5}{2}$,$-\dfrac{b}{4}<-\dfrac{5}{8}$.

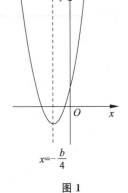

当 $1\leqslant x\leqslant 3$ 时,y 随 x 的增大而增大;当 $x=3$ 时,$y_{\max}=13+5b=28$,故 $b=3$.

利用图形的直观性来分析问题,理解函数解析式变化与抛物线的位置关系的内在联系,延伸探究系数 b 的意义,理解"设元引参"的学习价值,培养学生直观想象和转化的能力.

图 1

变式 2(续问题 1 条件) 抛物线 $y=2x^2+bx+c$($c>0$)经过点 A,与 y 轴交于点 B,若点 A 关于直线 $y=-x+3$ 的对称点恰好是点 B,求 b 的值.

解析 如图 2,抛物线 $y=2x^2+bx+2b-5$ 与 y 轴交于点 B(0,$2b-5$),点 $A(-2,3)$ 与点 B 关于直线 $y=-x+3$ 对称,则 $AC=BC$,$2b-5-3=2$,$b=5$.

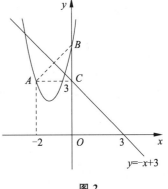

图 2

变式问题让抛物线动起来,用数学语言准确描述问题 1 中的抛物线与 y 轴交点 B 所在的特殊位置,以图形的对称性为突破口解决问题,让学生感知数学由抽象到具体的思辨过程,促进学生深刻认识轴对称图形的结构特征.

变式 3(续问题 1 条件) 抛物线 $y=2x^2+bx+c$($c>0$)经过点 A,与 y 轴交于点 B,$\triangle OAB$……(编题,增加条件),求 b 的值.

学生 1 增加条件"当 $S_{\triangle AOB}=5$ 时".

学生 2 $S_{\triangle AOB}=\dfrac{1}{2}\times(2b-5)\times 2=5$,$b=5$.

学生 3 添加条件"当△OAB 为等腰三角形时".

学生 4 可分类讨论,先求出 $B_1(0,\sqrt{13})$、$B_2(0,6)$、$B_3\left(0,\dfrac{13}{6}\right)$,再求出 b 的值.

学生 5 △OAB 为等腰直角三角形时,也可类比上述方法,求出点 B 的坐标.

设计开放性问题,引导学生在编题画图的探究过程中感悟运用数学类比思想方法处理一类问题的优越性,分析添加条件"△OAB 为等腰三角形"与"△OAB 为等腰直角三角形"之间的联系,培养学生获得知识类比迁移的能力,多角度理解动点 B 纵坐标的几何意义,积累经验.

3. 沉淀经验,提炼方法

整合二次函数的知识,对二次函数的解析式的参数深层加工,通过设元引参,由几何图形的特征梳理出参数 a、b 之间的数量关系,激活已有经验,整体建构.

拓展 1 抛物线 $y=ax^2+bx$ $(a>0,b<0)$ 交 x 轴于 O、A 两点,顶点为 B.

(1) 求 A、B 两点的坐标(用含 a、b 的代数式表示);

(2) b 为何值时,△OAB 为等边三角形.

解析 如图 3,容易求出 $A\left(-\dfrac{b}{a},0\right)$,

$B\left(-\dfrac{b}{2a},-\dfrac{b^2}{4a}\right)$.该抛物线的对称轴与 x 轴的交点

为 C,由等边△AOB 有 $BC=\sqrt{3}\,CA$,$\left|-\dfrac{b^2}{4a}\right|=$

$\sqrt{3}\left|-\dfrac{b}{2a}\right|$,$b^2+2\sqrt{3}\,b=0$,解得 $b_1=0$(舍),$b_2=$

$-2\sqrt{3}$.

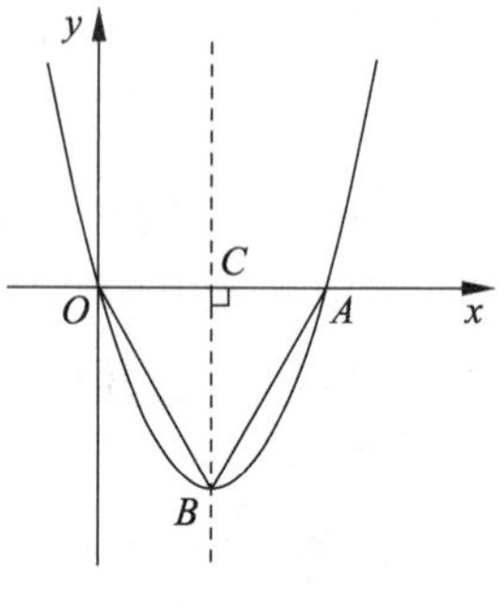

图 3

对等边△AOB 再探究,引导学生经历"由特殊的等边三角形图形抽象转化出代数方程"的过程,自主建构,迁移已有的经验,由特殊的动点坐标转化为求解相关线段长问题,最后条理清晰地列出方程解决问题,有效提升学生的归纳、概括和转化能力.

拓展 2 抛物线 $y=ax^2+bx+c$ $(a<0)$ 与 x 轴交于 A、B 两点,顶点为 C,且△ABC 为等腰直角三角形.若 $b=-2a$,求该二次函数的解析式(用只含 a 的式子表示).

解析 如图 4,抛物线 $y=a(x-1)^2+c-a$,顶点 $C(1,c-a)$,点 $B(1+c-a,0)$.因为抛物线过点 B,所以 $a(c-a)^2+(c-a)=0$,即 $(c-a)[a(c-a)+1]=0$,又 $c\neq a$,所以 $a(c-a)+1=0$,$c-a=-\dfrac{1}{a}$,从而 $y=a(x-1)^2-\dfrac{1}{a}(a<0)$.

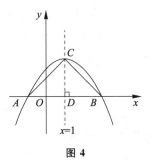

图 4

变化条件,把等边三角形改为等腰直角三角形,鼓励学生用不同的方法体验解决问题策略的多样性,从而让学生体验运用消元法统一参数,对数式结构特征进行合情推理分析,比较解法的优越性,深刻感受到"设元引参"方法的意义所在和价值取向.

4. 训练小结,内化升华

探寻二次函数最值问题与自变量 x 区域变化的内在联系,由低阶思维走向高阶思维,在培养学生数学思维生长处设元引参,深研函数知识背后的规律,真正融会贯通.

拓展 3 抛物线 $y=\dfrac{1}{2}x^2+bx+c$ 过点 $\left(-1,\dfrac{5}{2}\right)$,在 $-2\leqslant x\leqslant 2$ 内的最小值是 -3,求 b 的值.

解析 抛物线解析式为 $y=\dfrac{1}{2}x^2+bx+b+2$,对称轴为直线 $x=-b$.

分类讨论:

(1) 当 $-b\geqslant 2$ 时,$b\leqslant-2$.当 $x=2$ 时,$y_{\min}=-3$,故 $b=-\dfrac{7}{3}$.

(2) 当 $-2\leqslant b\leqslant 2$ 时,$-1\leqslant b\leqslant 1$.当 $x=-b$ 时,$y_{\min}=-3$,所以 $b^2-2b-10=0$,$b=1\pm\sqrt{11}$(舍).

(3) 当 $-b\leqslant-2$ 时,$b\geqslant 2$.当 $x=-2$ 时,$y_{\min}=-3$,故 $b=7$.

迁移知识、方法,积累经验是学习数学的最基本要求,学会可实际操作的步骤,读题画图抓特征、分类找范围、迁移问题情境类比转化,建立最值模型再计算,检验结果再反思.通过对一定范围内 y 的最小值的探究,深刻理解参数 b 的变化与抛物线对称轴位置变化的内在联系,引导学生发现新问题、领悟解决一类问题的通性通法.

5. 课外延伸,巩固练习

设计动态探究的问题情境,在已建构二次函数知识结构的基础上延伸拓展,在对参数 c、b 的数量关系由特殊到一般的探究中,理解函数的核心知识,强化经验的正迁移,领悟有序问题设计的来龙去脉.

问题 2 已知二次函数 $y = x^2 + bx + c$.

(1) 当 $b = 2$,$c = -3$ 时,求二次函数的最小值;

(2) 当 $c = 5$ 时,若在函数值 $y = 1$ 的情况下,只有一个自变量 x 的值与其对应,求此时二次函数的解析式;

(3) 当 $c = b^2$ 时,若在自变量 x 的值满足 $b \leqslant x \leqslant b + 3$ 的情况下,与其对应的函数值 y 的最小值为 21,求此时二次函数的解析式.

解析 (1) $y = (x+1)^2 - 4$,当 $x = 1$ 时,$y_{\min} = -4$.

(2) $y = x^2 + bx + 5$,有 $\dfrac{20 - b^2}{4} = 1$,$b = \pm 4$,所以 $y = x^2 + 4x + 5$ 或 $y = x^2 - 4x + 5$.

(3) $y = x^2 + bx + b^2$,对称轴为直线 $y = -\dfrac{b}{2}$.

① 当 $b \geqslant 0$,$x = b$ 时,$y_{\min} = 21$,故 $b_1 = \sqrt{7}$,$b_2 = -\sqrt{7}$(舍);

② 当 $b \leqslant -\dfrac{b}{2} \leqslant b + 3$ 即 $-2 \leqslant b \leqslant 0$ 时,$x = -\dfrac{b}{2}$,$y_{\min} = 21$,故 $b = \pm 2\sqrt{7}$(舍);

③ 当 $-\dfrac{b}{2} \geqslant b + 3$ 即 $b \leqslant -2$ 时,$x = b + 3$,$y_{\min} = 21$,故 $b_1 = 4$,$b_2 = 1$(舍).

学生在头脑中生成图像,聚焦对称轴的变化范围,对含参数 b 的对称轴方程分类讨论,在动态变化的问题背景下,运用数形结合、函数方程模型解读二次函数最值问题,提升学生解读数学本质的深度学习能力.

数学复习课通过对典型问题专题化、深层挖掘,迁移生长问题,从研究二次函数的一般方法的角度聚焦核心概念与核心思想方法,运用设元引参的教学策略、多元的教学方法,发展学生的思维能力和创新精神.

《义务教育数学课程标准》(2011 年版)提出,要重视培养和发展学生的数学核心素养,教师在教学过程中,提出的问题要立足主干知识、突出思想方法,要深入反思教学过程:数学核心素养到底是什么?哪些数学行为有利于核心素养的培养?课标时刻提醒一线教师思考如何有效设计教学问题,用有序的问题驱动思考,由浅层学习走向深度学习,使数学课堂更有效,更有利于全面提升学生的核心素养.

第3章

变式教学,凸显个性化的深度学习方式

真正的深度学习不是应体现在学生群体的思考上,而是应体现在不同学生个性化的思考过程与结果中,要让学生的个性化思维显性化.当学生呈现出个性化思维后,一个问题就有了多个角度的思考、多种方法的解.在分析比较过程中求异、求同、求佳,从而使学生的各种思维品质得到发展.

(1)习题中的变式教学

在解题过程中,找到不同的解题方法,并找到多种解题方法之间的联系和规律,通过习题之间的联系提高学生的解题能力和创新意识,培养学生的数学思想和数学思维,拓展学生的解题思路,开阔学生的知识视野,改变教师和学生的定势思想.

(2)课堂上的变式教学

在课堂上,注重变式思想的教学渗透,在创设问题情境、获取新知等教学过程中巧妙使用变式教学.从多渠道了解信息材料,通过问题所给条件找到事物之间的本质联系,通过多角度、多情形下使用变式的方式让学生对知识产生深层次的理解和认识.

(3)一题多解,一题多法,多解归一,理解本质

解决问题类学习,注重一题多解,一题多法,一法多用.在上述过程中,学生在理解数学知识、掌握数学基本技能的基础上,熏陶数学思想方法,会一题、通一类,形成探索数学问题的兴趣与欲望,逐步发展数学思维.

(4)变式教学,深化思维

变式教学可以让学生的思维得到深化,通过变式教学的训练,学生在分析问题时能够准确抓住问题的本质,快速梳理问题间的相互联系,找到适合的解题方案.在推理过程中,学生的思维深化主要表现在解决问题时能够洞察事物的本质,抓住问题间的联系,将得到的结论加以推广,使之成为深刻的结果.

（5）点燃学生思维的火花,提升学生的综合能力

提倡学生主动积极参与变式的过程,为学生创造更多独立思考的空间,让学生真正成为学习的主人.学生自主探究、合作交流,主动地去获取知识,在实践中强化发现问题和解决问题的能力.

变式指向本质　方法悟于过程
——基于求解平行四边形顶点坐标问题的实践与思考

初中数学变式教学通过不同角度、不同侧面,在不同背景下变更所提数学问题的呈现形式,使事物的非本质特征发生变化而本质特征保持不变.教师在课堂教学中根据教学内容精心设计变式题组,展示数学知识的发生过程,促进知识的迁移,是发展数学创造性思维的有效途径,对于促进学生学习方式的转变和创造精神的培养有着十分重要的意义.下面笔者以平面直角坐标系中寻求平行四边形顶点坐标问题为例进行变式教学探究实践.

1. 提出问题,探寻特征

如图 1,$\square ABCD$ 中,$A(x_1,y_1)$、$B(x_2,y_2)$、$C(x_3,y_3)$、$D(x_4,y_4)$,点 E 为对角线 AC、BD 的交点.设 $E(x_0,y_0)$,由线段中点坐标公式有

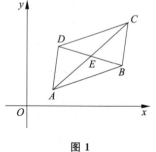

图 1

$$\begin{cases} \dfrac{x_1+x_3}{2}=x_0 \\ \dfrac{x_2+x_4}{2}=x_0 \end{cases}, \begin{cases} \dfrac{y_1+y_3}{2}=y_0 \\ \dfrac{y_2+y_4}{2}=y_0 \end{cases},\text{以点 }E\text{ 的坐标为桥}$$

梁,发现 $x_1+x_3=x_2+x_4$,$y_1+y_3=y_2+y_4$,即在平面直角坐标系中,平行四边形对角顶点的同名坐标之和相等.在处理符合上述条件的复杂几何问题时,合理选用此结论,可以避免大量烦琐的运算,使问题的本质变得直观、清晰,操作自然、简洁.

问题 1　如图 2,抛物线 $y=-x^2+x+2$ 与 x 轴的交点为 A、B,与 y 轴的交点为 C,点 M 是平面内一点,判断有几个位置能使以点 M、A、B、C 为顶点的四边形是平行四边形,并写出相应的坐标.

追问 1　动点 M 与定点 A、B、C 的坐标之间有什么联系?

追问 2　请用图形表示动点 M 与 A、B、C 三点之间的联系.

解析　分类讨论,以 BC 为边或以 BC 为对角线.

解法一:依据 $x_A + x_M = x_C + x_B$ 或 $x_A + x_B = x_C + x_M$,可求出 $M_1(-3,2)$、$M_2(3,2)$、$M_3(1,-2)$.

解法二:如图 3,分别过点 A 作 $M_1M_3 \parallel CB$,过点 C 作 $M_1M_2 \parallel x$ 轴,过点 B 作 $M_2M_3 \parallel AC$,可求出点 M 的坐标.

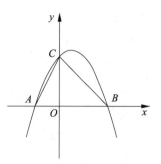

图 2

解法三:如图 3,构建 $\mathrm{Rt}\triangle M_1N_1A \cong \mathrm{Rt}\triangle COB \cong \mathrm{Rt}\triangle M_3N_3A$, $\mathrm{Rt}\triangle M_2BN_2 \cong \mathrm{Rt}\triangle CAO \cong \mathrm{Rt}\triangle M_3BN_3$,求得线段 $AN_1 = AN_3 = OB = 2$,$AO = BN_2 = BN_3 = 1$,再求出点 M 的坐标.

设计意图　以寻求抛物线背景下的平行四边形顶点坐标问题启动探究,分解图形,运用几何图形特征关系描述变量之间的

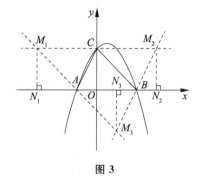

图 3

对应关系,培养学生抓住几何图形结构特征,多角度、多方位思考问题,用多种方法解决问题.

2. 变式拓展,沟通知识内在联系

当新知识与学生原认知结构脱节时,就必然形成学习的难点,变式教学在学生学习过程中起到过渡和支架的作用,引导学生探究问题的内涵和外延,理解平行四边形各要素之间的联系和本质规律,使学生加深理解、灵活应用,培养学生思维的灵活性.

变式 1　如图 4,$y = ax^2 + x$ 与 x 轴交于点 $B(4,0)$,点 Q 在抛物线的对称轴上,点 P 在抛物线上,且以点 O、B、Q、P 为顶点的四边形是平行四边形,求相应的点 P 的坐标.

追问 1　如何由图形的位置关系转化为与动点坐标相对应的数量关系?

追问 2　从抛物线的对称性角度思考,如何探究动点坐标之间的联系?

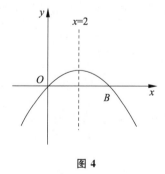

图 4

解析 如图5,分类讨论:① 四边形以 OB 为对角线时,有 P_1Q_1 与 OB 互相垂直平分,解出 $P_1(2,1)$、$Q_1(2,-1)$,此时 $\square P_1BQ_1O$ 是菱形;② 四边形以 OB 为边时,有 $\square OBQ_2P_2$、$\square OBP_3Q_2$,此时 $OB=P_2Q_2=P_3Q_2=4$,依据抛物线的对称性解出 $P_2(-2,-3)$、$P_3(6,-3)$、$Q_2(2,-3)$.

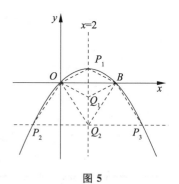

图 5

设计意图 对探究问题增补条件,择时延伸,由一个动点增加至两个动点,顺次连接所得的四个点,探究该特殊四边形的性质.借助以运动的顶点为知识的生长点,探究动点的变化规律是学生开展该主题探究性学习的不竭源泉.

3. 一题多解,培养学生的创新能力

通过一题多解培养学生探究问题的深刻性、灵活性,拓展学生的思维,帮助学生领悟解题时如何"左右逢源",促进学习方式的转变,灵活选择解题方法,提高思维的敏捷性.这是培养学生探究问题意识的根本措施,也是开拓数学创造性思维的有效途径.

变式 2 如图 6,$y=\dfrac{1}{2}x^2+x-4$ 与 y 轴相交于点 $B(0,-4)$,点 P 是抛物线上的动点,点 Q 是直线 $y=-x$ 上的动点,判断有几个位置能使以点 P、Q、B、O 为顶点的四边形是平行四边形,写出相应的点 Q 的坐标.

追问 1 探究动点 Q 的特殊位置,一般采用什么方法研究对应线段的度量问题?

追问 2 如何运用线段中点公式刻画动点的变化规律?

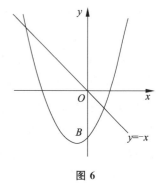

图 6

解法一:如图7,设 $P\left(t,\dfrac{1}{2}t^2+t-4\right)$、$Q(t,-t)$.分类讨论:① 点 P 在点 Q 上方;② 点 P 在点 Q 下方.分别依据 $y_P-y_Q=4$、$y_Q-y_P=4$,求出 $Q_1(-2+2\sqrt{5},2-2\sqrt{5})$、$Q_2(-2-2\sqrt{5},2+2\sqrt{5})$、$Q_3(-4,4)$.

解法二:设 $P\left(t,\dfrac{1}{2}t^2+t-4\right)$、$Q(t,-t)$,依据平行四边形对角线互相平

分,有 $0+(-t)=-4+\frac{1}{2}t^2+t-4$,解得 $t=$

$-2\pm2\sqrt{5}$,或者由 $-t+(-4)=0+\frac{1}{2}t^2+t-$

4,解得 $t_1=-4,t_2=0(舍)$.

设计意图 动点 Q 的运动轨迹为直线 $y=$
$-x$,引导学生类比迁移,丰富学生对特殊四边
形的相关知识与方法的储备,掌握探求动点问
题的归纳推理的一般方法,通过变式拓展帮助
学生实现数学认知从感性到理性的飞跃.

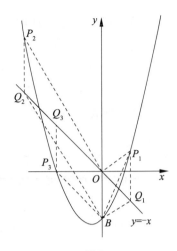

图 7

变式 3 如图 8,已知抛物线 $y=-\frac{5}{4}x^2+$

$\frac{17}{4}x+1$ 经过点 $A(0,1)$、$B\left(3,\frac{5}{2}\right)$,$BC\perp x$ 轴于

点 C,点 P 是线段 AB 上的一动点(不与 A、B
两点重合),过点 P 作 x 轴的垂线交抛物线于点
M.设点 P 的横坐标为 t,当 t 为何值时,四边形
$PMBC$ 是平行四边形?可以是菱形吗?

追问 1 如何用函数的观点分析平行四边
形 $PMBC$ 的几何特征?

追问 2 如何用点坐标描述运动元素之间
的相互牵制关系?

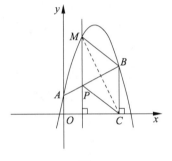

图 8

解析 设动直线 MP 为 $x=t$,则 $P\left(t,\frac{1}{2}t+1\right)$.

解法一:由 $\square PMBC$ 有 $PM=BC=\frac{5}{2}$,$M\left(t,\frac{1}{2}t+\frac{7}{2}\right)$.点 M 在抛物线

$y=-\frac{5}{4}x^2+\frac{17}{4}x+1$ 上,故 $\frac{1}{2}t+\frac{7}{2}=-\frac{5}{4}t^2+\frac{17}{4}t+1$,即 $t^2-3t+2=0$,解得

$P_1\left(1,\frac{3}{2}\right)$,$P_2(2,2)$.由 $\square P_1MBC$ 有 $P_1C=BC=\frac{5}{2}$,因此 $\square P_1MBC$ 为菱形.

解法二:依据平行四边形对角线互相平分,有 $\frac{1}{2}t+1+\frac{5}{2}=0+$

$\left(-\frac{5}{4}t^2+\frac{17}{4}t+1\right)$,解得 $t_1=1,t_2=2$.

设计意图 动点 P 的变化引发了抛物线背景下几何图形的变化,不变的是几何的本质,是知识内涵;揭示运动中的不变规律,既能引发学生对问题的深刻理解,更能培养学生的数学认知能力.

4. 多题一法,类比探究,触类旁通

通过变式问题条件,类比原始题根进行再研究,寻求问题的增长点,从而达到做一题、会一类、知一片的目的,引导学生解有方法,有解题原理模型支撑,能高瞻远瞩,会举一反三,从而提升学生的思维水平.

拓展 如图 9,抛物线 $y=x^2-2x-3$ 与 x 轴交于点 $A(-1,0)$,点 $C(2,-3)$ 是抛物线上一点,点 P 是抛物线上的动点,点 Q 是 x 轴上的动点,判断有几个位置能使以点 A、C、P、Q 为顶点的四边形是平行四边形,写出相应点 Q 的坐标.

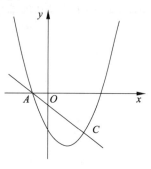

图 9

追问 1 类比探究动点 Q 的位置变化,你发现了什么?

追问 2 如何从特殊性、一般性的视角探究动点问题中不变的图形本质?

解析 如图 10,分类讨论:① 四边形以 AC 为对角线时,AC 的中点 $O'\left(\frac{1}{2},-\frac{3}{2}\right)$,计算出 $Q_1(1,0)$、$P_1(0,-3)$;② 四边形以 AC 为边时,作平行于 x 轴的两条直线,$y=3$,$y=-3$,求出 $P_2(0,-3)$、$P_3(-\sqrt{7}+1,3)$、$P_4(\sqrt{7}+1,3)$,依据 $\square ACP_2Q_2$、$\square P_3Q_3CA$、$\square P_4Q_4Q_3P_3$ 的性质,分别得出 $Q_2(-3,0)$、$Q_3(4-\sqrt{7},0)$、$Q_4(4+\sqrt{7},0)$.

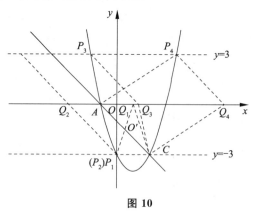

图 10

设计意图　不变的探究方法源于平行四边形的基本性质,通过对两个动点 P、Q 的变化规律的探究和论证,可帮助学生对函数知识有更深刻、更概括的认识和掌握,揭示出"变"与"不变"的辩证关系,进一步培养学生思维的深刻性.

数学学习中如果单靠题海战术,学生往往练而不得法,有可能事倍功半.教师应善于挖掘教材资源,尝试变式教学,引导学生多角度地理解数学问题,在学生认知和技能的最近发展区的基础上,引导学生对问题进行拓展延伸,通过变式对一类问题进行再研究,这样不仅能巩固知识,挖掘不同知识之间的联系,还能开拓学生的思维和视野,有效地培养学生的思维能力和创新能力.

多解　拓展　变式
——对一道中考数学试题的再研究

借助中考数学试题研究,通过横向拓展,纵向变式引申,把综合性的考点梳理为基础知识板块,挖掘知识内部的通性通法,帮助学生加深对知识、技能、方法的新的理解,理清知识和方法的来龙去脉,优化知识结构,总结出解法的共性,形成解题策略,提升解题能力.

1. 试题再现

问题　(2017 年无锡中考)如图 1,以原点 O 为圆心、3 为半径的圆与 x 轴分别交于 A、B 两点(点 B 在点 A 的右边),点 P 是 OB 上的一点,过点 P 且垂直于 AB 的直线与 $\odot O$ 分别交于 C、D 两点(点 C 在点 D 的上方),直线 AC、DB 交于点 E,若 $AC:CE=1:2$.(1)求点 P 的坐标;(2)求过点 A 和点 E,且顶点在直线 CD 上的抛物线的函数表达式.

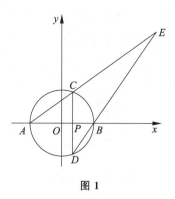

图 1

2. 一题多解,聚焦内部知识结构

(1) **解法一:**如图 2,过点 E 作 $EM\perp x$ 轴于点 M.设 $P(t,0)$,则 $AP=3+t$.由 $\mathrm{Rt}\triangle APC\backsim\mathrm{Rt}\triangle AME$,$\dfrac{AC}{CE}=\dfrac{1}{2}$,得 $\dfrac{AP}{AM}=\dfrac{1}{3}$,$AM=3(3+t)$,$BM=$

$AM-AB=3t+3$.由 $\mathrm{Rt}\triangle DBP \backsim \mathrm{Rt}\triangle EBM$,有 $3PB=BM$,即 $3(3-t)=$ $3t+3$,解得 $t=1$,即点 $P(1,0)$.

解法二:如图 3,延长 DC,过点 E 作 $EN\perp DC$ 于点 N.设 $P(t,0)$,则 $AP=3+t$.由 $\mathrm{Rt}\triangle APC \backsim \mathrm{Rt}\triangle ENC$,$\dfrac{AC}{CE}=\dfrac{1}{2}$,有 $NE=2AP=6+2t$.由 $\dfrac{PC}{CN}=\dfrac{1}{2}$,有 $\dfrac{PC}{DN}=\dfrac{PD}{DN}=\dfrac{1}{4}$.由 $\mathrm{Rt}\triangle DPB \backsim \mathrm{Rt}\triangle DNE$,有 $NE=4PB=4(3-t)$.所以 $6+2t=4(3-t)$,解得 $t=1$,即点 $P(1,0)$.

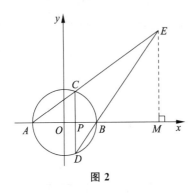

图 2 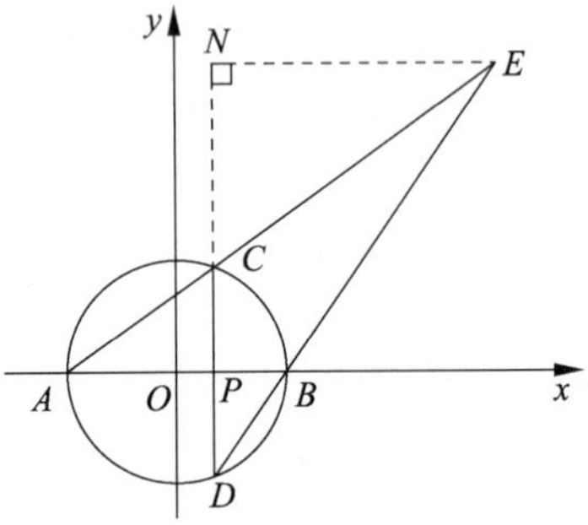   图 3

（2）由（1）得 $C(1,2\sqrt{2})$,如图 4,$\mathrm{Rt}\triangle APC \backsim \mathrm{Rt}\triangle AME$,所以 $EM=3CP=6\sqrt{2}$,$PM=2AP=8$,所以 $E(9,6\sqrt{2})$.

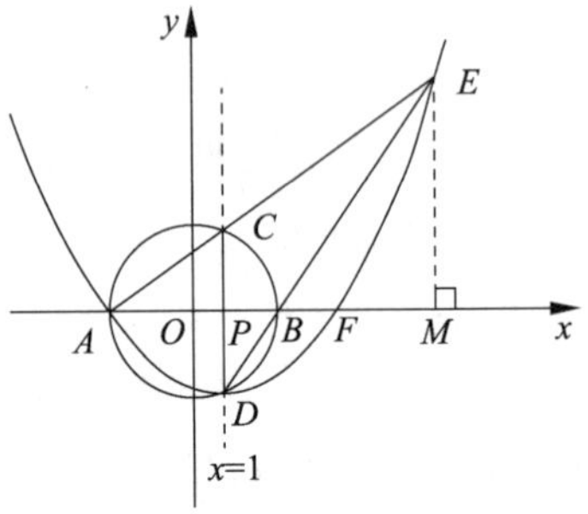

解法一:根据对称性,求出 $F(5,0)$.设抛物线解析式为 $y=a(x+3)(x-5)$,$a\neq 0$.因为抛物线过点 $E(9,6\sqrt{2})$,代入解析式解得 $a=\dfrac{\sqrt{2}}{8}$,所以 $y=\dfrac{\sqrt{2}}{8}(x+3)(x-5)$,即 $y=\dfrac{\sqrt{2}}{8}x^2-\dfrac{\sqrt{2}}{4}x-\dfrac{15}{8}\sqrt{2}$.

图 4

解法二:设抛物线解析式为 $y=a(x-1)^2+n$ $(a\neq 0)$,因为抛物线经过点 $A(-3,0)$、$E(9,6\sqrt{2})$,所以 $y=\dfrac{\sqrt{2}}{8}(x-1)^2-2\sqrt{2}$.

解法三:设抛物线解析式为 $y=ax^2+bx+c$ $(a\neq 0)$,因为抛物线经过点

$A(-3,0)$、$F(5,0)$、$E(9,6\sqrt{2})$,所以 $y=\dfrac{\sqrt{2}}{8}x^2-\dfrac{\sqrt{2}}{4}x-\dfrac{15}{8}\sqrt{2}$.

3. 拓展问题,贯通知识内部通道

拓展 1　续问题(1)条件,若点 Q 在 y 轴上,且 $\triangle ACQ$ 为等腰三角形,试求点 Q 的坐标.

解析　$AC=2\sqrt{6}$,当 $AC=CQ$ 时,求出 $Q_1(0,2\sqrt{2}-\sqrt{23})$、$Q_2(0,2\sqrt{2}+\sqrt{23})$.当 $AC=AQ$ 时,求出 $Q_3(0,-\sqrt{15})$、$Q_4(0,\sqrt{15})$.当 $AQ=QC$ 时,求出 $Q_5(0,0)$.

拓展 2　续问题(1)条件,若点 I 在 x 轴上,且 $\angle CIA=\angle ACO$,试求点 I 的坐标.

解析　根据题意,有 $\triangle ACO \backsim \triangle AIC$,所以 $AC^2=AI \cdot AO$,$AI=8$,点 I 的坐标为 $(5,0)$.

拓展 3　续问题(2)条件,有两点 (x_0,m)、$(2,n)$ 在抛物线 $y=\dfrac{\sqrt{2}}{8}x^2-\dfrac{\sqrt{2}}{4}x-\dfrac{15}{8}\sqrt{2}$ 上,若 $m>n$,求 x_0 的范围.

解析　点 $(2,n)$ 关于对称轴直线 $x=1$ 的对称点为 $(0,n)$,根据抛物线的对称性,当 $x_0<0$ 或 $x_0>2$ 时,有 $m>n$.

4. 变式问题,挖掘知识内蕴的思想方法

拓展 4　续问题(2)条件,已知抛物线 $y=\dfrac{\sqrt{2}}{8}x^2-\dfrac{\sqrt{2}}{4}x-\dfrac{15}{8}\sqrt{2}$.如图 5,平行于 y 轴的直线 MN 与直线 AE 相交于点 M,与直线 AE 下方的抛物线交于点 N.当线段 MN 有最大值或最小值时,求点 N 的坐标.

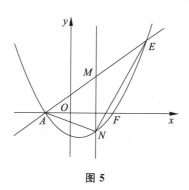

图 5

解析 直线 AE 的解析式为 $y = \dfrac{\sqrt{2}}{2}x + \dfrac{3}{2}\sqrt{2}$,设 $M\left(t, \dfrac{\sqrt{2}}{2}t + \dfrac{3}{2}\sqrt{2}\right)$,则

$N\left(t, \dfrac{\sqrt{2}}{8}t^2 - \dfrac{\sqrt{2}}{4}t - \dfrac{15}{8}\sqrt{2}\right)$,有 $MN = -\dfrac{\sqrt{2}}{8}(t-3)^2 + \dfrac{9}{2}\sqrt{2}$,所以当 $t = 3$ 时,

MN 最长,即 $N\left(3, -\dfrac{3}{2}\sqrt{2}\right)$.

变式 1 (续拓展 4 条件)当 $\triangle ANE$ 面积取最大值或最小值时,求点 N 的坐标.

变式 2 (续拓展 4 条件)当以点 N 为圆心的圆与直线 AE 相切,$\odot N$ 的面积有最大值时,求点 N 坐标.

解析 把变式 1、2 所求相关问题转化为拓展 4 中线段 MN 最长时的情况,$S_{\triangle AEN} = \dfrac{1}{2} \times 12 \times MN = 6MN$,求出点 $N\left(3, -\dfrac{3}{2}\sqrt{2}\right)$.

5. 研究新问题,发展学生思维能力

拓展 5 续问题(2)条件,抛物线 $y = \dfrac{\sqrt{2}}{8}x^2 - \dfrac{\sqrt{2}}{4}x - \dfrac{15}{8}\sqrt{2}$.如图 6,直线 AE 交抛物线于 A、E 两点,点 P 为该抛物线上一点.若 $\triangle AEP$ 为直角三角形,试求点 P 的坐标.

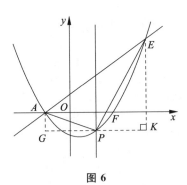

图 6

解析 直线 AE 的解析式为 $y = \dfrac{\sqrt{2}}{2}x + \dfrac{3}{2}\sqrt{2}$.

若 $\angle PAE = 90°$,则由 $\begin{cases} y = \dfrac{\sqrt{2}}{8}x^2 - \dfrac{\sqrt{2}}{4}x - \dfrac{15}{8}\sqrt{2} \\ y = -\sqrt{2}\,x - 3\sqrt{2} \end{cases}$ 解出 $x_1 = x_2 = -3$,点 P

不存在.

若 $\angle AEP = 90°$,则由 $\begin{cases} y=\dfrac{\sqrt{2}}{8}x^2-\dfrac{\sqrt{2}}{4}x-\dfrac{15}{8}\sqrt{2} \\ y=-\sqrt{2}\,x+15\sqrt{2} \end{cases}$,解出点 $P_1\left(-15,\dfrac{45}{2}\sqrt{2}\right)$.

若 $\angle APE = 90°$,设 $P\left(t,\dfrac{\sqrt{2}}{8}t^2-\dfrac{\sqrt{2}}{4}t-\dfrac{15}{8}\sqrt{2}\right)$,构造 Rt $\triangle EKP \backsim$ Rt$\triangle PGA$,有

$$\frac{6\sqrt{2}-\left(\dfrac{\sqrt{2}}{8}t^2-\dfrac{\sqrt{2}}{4}t-\dfrac{15}{8}\sqrt{2}\right)}{9-t}=\frac{t+3}{-\left(\dfrac{\sqrt{2}}{8}t^2-\dfrac{\sqrt{2}}{4}t-\dfrac{15}{8}\sqrt{2}\right)},t^2+2t-$$

$3=0$,解得 $t_1=-3$(舍去),$t_2=1$,故 $P_2(1,-2\sqrt{2})$.

变式 3　续问题(2)条件,抛物线 $y=\dfrac{\sqrt{2}}{8}x^2-\dfrac{\sqrt{2}}{4}x-\dfrac{15}{8}\sqrt{2}$,问该抛物线上是否存在动点 P 使 $PA=PE$?若存在,试求出点 P 的坐标.

解析　求出线段 AE 的垂直平分线的解析式 $y=-\sqrt{2}\,x+6\sqrt{2}$,由 $\begin{cases} y=\dfrac{\sqrt{2}}{8}x^2-\dfrac{\sqrt{2}}{4}x-\dfrac{15}{8}\sqrt{2} \\ y=-\sqrt{2}\,x+6\sqrt{2} \end{cases}$,解得 $P_1(-3-\sqrt{6},12+9\sqrt{2})$、$P_2(-3+\sqrt{6},-12+9\sqrt{2})$.

6. 理解新问题,深度聚焦能力发展

变式 4　续问题(2)条件,抛物线 $y=\dfrac{\sqrt{2}}{8}x^2-\dfrac{\sqrt{2}}{4}x-\dfrac{15}{8}\sqrt{2}$,若把图形沿直线 AE 翻折,点 F 的对应点为点 F',问点 F' 是否在该抛物线的对称轴上?

解析　求出点 $F(5,0)$ 关于直线 $AE:y=\dfrac{\sqrt{2}}{2}x+\dfrac{3}{2}\sqrt{2}$ 的轴对称点 F' 的坐标 $\left(-\dfrac{1}{3},\dfrac{16}{3}\sqrt{2}\right)$,该点不在该抛物线的对称轴 $x=1$ 上.

变式 5　续问题(2)条件,抛物线 $y=\dfrac{\sqrt{2}}{8}x^2-\dfrac{\sqrt{2}}{4}x-\dfrac{15}{8}\sqrt{2}$.如图 7,抛物线的顶点为 N,对称轴与直线 AE 相交于点 G,点 T 为该抛物线上一动点,点 Q 为直线 AE 上一点.若以 T、Q、N、G 四点组成的四边形是平行四边形,求点 Q 的坐标.

解析 $NG = 4\sqrt{2}$,设 $T\left(t, \dfrac{\sqrt{2}}{8}t^2 - \dfrac{\sqrt{2}}{4}t - \dfrac{15}{8}\sqrt{2}\right)$、$Q\left(t, \dfrac{\sqrt{2}}{2}t + \dfrac{3}{2}\sqrt{2}\right)$,$TQ = NG$,有 $|y_Q - y_T| = 4\sqrt{2}$,解出 $Q_1(5, 4\sqrt{2})$、$Q_2(3 - 2\sqrt{17}, 3\sqrt{2} - \sqrt{34})$、$Q_3(3 + 2\sqrt{17}, 3\sqrt{2} + \sqrt{34})$.

拓展 6 续问题(2)条件,将与抛物线 $y_1 = \dfrac{\sqrt{2}}{8}x^2 - \dfrac{\sqrt{2}}{4}x - \dfrac{15}{8}\sqrt{2}$ 关于 y 轴对称的抛物线记作 y_2,如图 8,设平行于 x 轴的直线为 $y = n$,问直线 $y = n$ 与抛物线 y_1、y_2 组成的新图像有交点吗?

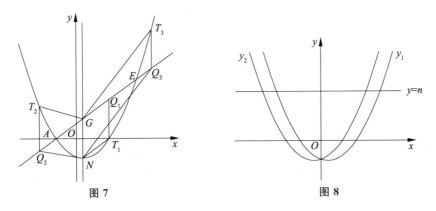

图 7   图 8

解析 $y_2 = \dfrac{\sqrt{2}}{8}x^2 + \dfrac{\sqrt{2}}{4}x - \dfrac{15}{8}\sqrt{2}$,抛物线 y_1、y_2 的交点为 $\left(0, -\dfrac{15}{8}\sqrt{2}\right)$,顶点分别为 $(1, -2\sqrt{2})$、$(-1, -2\sqrt{2})$,依图形位置特征可求得,当 $n > -\dfrac{15}{8}\sqrt{2}$ 或 $-2\sqrt{2} < n < -\dfrac{15}{8}\sqrt{2}$ 时,有四个交点;当 $n = -\dfrac{15}{8}\sqrt{2}$ 时,有三个交点;当 $n = -2\sqrt{2}$ 时,有两个交点;当 $n < -2\sqrt{2}$ 时,没有交点.

研究数学中考题,直指要解决问题的难点、突破口,从构建知识结构的角度挖掘隐藏的数学思想方法,再进行拓展引申与变式,反思解题策略,引导学生体验数学思维的对接与碰撞,感悟变式问题中"变"与"不变"的内在规律,寻找"数"与"形"之间的内在关联,通过尝试对中考问题的再研究,由一个"再"字经历由模仿到创新,探求出解决问题的突破口和解决此类问题的一般思考方法,充分发挥中考数学试题的功能,让它折射出知识与能力的思维光芒.

求"深"求"透"　寻根溯源　理性思考
——初中七年级几何题根教学的实践与思考

题根是把一类问题规范化的题目,题根是一类问题的根基,题根的特点体现在"根"的"生长性"上."题根"可以理解为一类问题的"基因",问题有了"基因"就有生长性,就有规律可循,就等于抓住了题群、题族的突破口,从而达到会一题、通一片的学习效果.

题有千变,贵在有根.在初中七年级的几何入门教学中,笔者尝试抓住问题之根,关注学生的思维过程,梳理出几何基本图形作为课堂学习的"课根"展开探究.本案例以一个"8"字形基本图形为问题之根,通过迁移、变式和拓展,挖掘出典型的数学方法,展现出几何问题的本质和内涵,进而把复杂问题简单化,把抽象问题具体化,以期教会学生理性思考.

1. 图形之根——顺应认知

几何推理训练从认识"题根"开始,梳理出几何基本图形,在几何知识和探究方法的交汇处提炼出基本图形的特征,切中要害,抓住几何图形变换之根,进而归纳共性,构建几何模型解决问题.

问题 1　如图 1,已知线段 AB、CD 相交于点 O,连接 AC、BD,我们把形如图 1 的图形称为"8"字形图形.如图 2,$\angle CAB$ 和 $\angle BDC$ 的平分线 AP 和 DP 相交于点 P,并且与 CD、AB 分别相交于点 M、N.试解答下列问题:

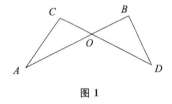

图 1

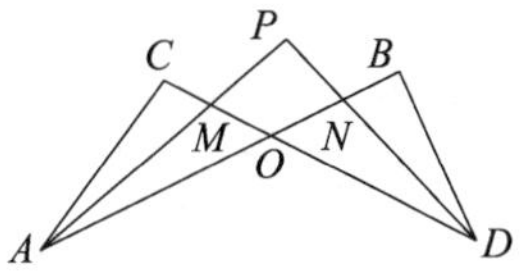

图 2

(1) 仔细观察,图 2 中有 _____ 个以线段 AC 为边的"8"字形图形;

(2) 在图 2 中,若 $\angle B = 96°$,$\angle C = 100°$,求 $\angle P$ 的度数;

(3) 在图 2 中,若设 $\angle C = \alpha$,$\angle B = \beta$,$\angle CAP = \frac{1}{3}\angle CAB$,$\angle CDP = \frac{1}{3}\angle CDB$,试求 $\angle P$ 与 $\angle D$、$\angle B$ 之间存在着怎样的数量关系(用 α、β 表示 $\angle P$),并说明理由.

思路分析　(1) 图 1 中有 $\angle A + \angle C = \angle B + \angle D$,图 2 中有 2 个以线段

AC 为边的"8"字形图形;

（2）设 $\angle CAP = \angle OAP = x$，$\angle BDP = \angle PDC = y$，有
$$\begin{cases} \angle C + x = \angle P + y \\ \angle C + 2x = \angle B + 2y \end{cases}$$
，解出 $\angle P = \dfrac{1}{2}(\angle B + \angle C) = 98°$;

（3）设 $\angle CAP = m$，$\angle CDP = n$，则 $\angle CAB = 3m$，$\angle CDB = 3n$，有
$$\begin{cases} \alpha + m = \angle P + n \\ \alpha + 3m = \beta + 3n \end{cases}$$
，解出 $\angle P = \dfrac{2}{3}\alpha + \dfrac{1}{3}\beta$.

教学反思 尊重学生的认知基础和学习经验,认识"8"字形模型,梳理出分解基本图形的方法,关注知识形成过程,借助基本图形的直观性研究复杂的几何图形,渗透转化、数形结合等思想,使学生具有"一叶知秋"的眼光,突出用问题之根即基本图形来解题的优越性和重要性.

2. 方法之根——整体架构

图形旋转变化过程中,不变的是基本图形之根,题根周围的知识生长点不断推广和延伸,整体感知、比较,认识从感性到理性不断加深,倘若掌握了"方法之根",此类问题的规律即时显现,迎刃而解.

拓展 已知等腰 Rt$\triangle ABC$、等腰 Rt$\triangle CDE$,如图3,点 D 在 BC 上,连接 BE、AD,且 AD 的延长线交 BE 于点 F.

(1) 求证:$BE = AD$,$AF \perp BE$.

(2) 将 $\triangle ABC$ 绕点 C 顺时针旋转(如图4),连接 BE、AD,且 AD 分别交 BE、BC 于点 F、G,那么(1)中的结论还成立吗? 若成立,请证明;若不成立,请说明理由.

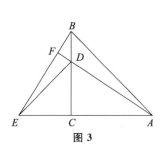

图3

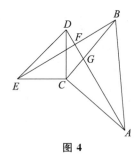

图4

思路分析 (1) Rt$\triangle BCE \cong$ Rt$\triangle ACD$,有 $BE = AD$,$\angle FBD = \angle DAC$,如图5,有 $\angle FBD + \angle BFD = \angle DAC + \angle ACD$,又 $\angle ACD = 90°$,所以 $\angle BFD = 90°$,即 $AF \perp BE$.(2)解法同(1),画出"8"字形图形,如图6,有 $\angle BFG +$

$\angle FBG = \angle ACG + \angle CAG$,再证$\angle BFG = 90°$.

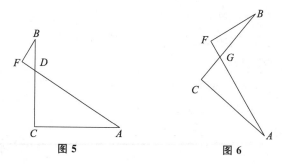

图 5   图 6

变式 1 如图 7,已知等边$\triangle ABC$、等边$\triangle CDE$.(1) 求证:$BE = AD$;(2)求 AD 与 BE 的夹角度数.

思路分析 $\triangle BCE \cong \triangle ACD$,有 $BE = AD$,$\angle BEC = \angle ADC$.构造如图 8 所示的"8"字形图形,有 $\angle EPD + \angle PEC = \angle PDC + \angle ECD$,可证出 $\angle EPD = \angle ECD = 60°$.

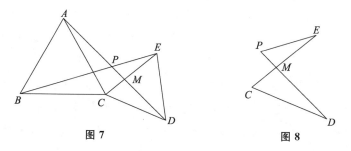

图 7   图 8

变式 2 如图 9,已知等腰$\triangle ABC$、等腰$\triangle CDE$ 中,顶角$\angle ACB = \angle DCE = \angle \alpha$.(1) 求证:$BE = AD$;(2) 求 AD 与 BE 的夹角度数.

思路分析 $\triangle BCE \cong \triangle ACD$,有 $BE = AD$,$\angle BEC = \angle ADC$.构造如图 10 所示的"8"字形图形,有 $\angle EPD + \angle PDC = \angle PEC + \angle ECD$,可证出 $\angle EPD = \angle ECD = \angle \alpha$.

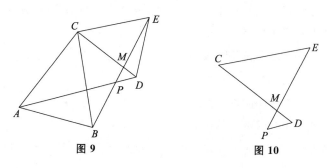

图 9   图 10

教学反思 这些基本图形和基本特征的积累,有助于提高学生的识图辨析能力,基本图形、基础知识、基本方法融为一体,直接获取了"8"字形所蕴含的结论和方法,打开了学生的思路,发散了学生的思维.

变式 3 如图 11,已知 $\triangle ABC$, $AH \perp BC$ 于点 H,分别以 AB、AC 为边作正方形 $ABFG$、正方形 $ACDE$,连接 BE、CG、GE,延长 HA 交 GE 于点 M.(1)求证:$BE = GC$;(2)求 BE 与 GC 的夹角度数;(3)求证:$GM = ME$.

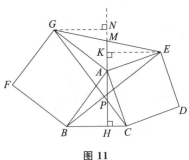

图 11

思路分析 (1) $\triangle ABE \cong \triangle AGC$,有 $BE = GC$,$\angle BEA = \angle GCA$;

(2) 构造"8"字形图形,有 $\angle EAC + \angle BEA = \angle GCA + \angle CPE$,可证 $\angle CPE = \angle EAC = 90°$;

(3) 延长 HA,过点 G 作 $GN \perp HA$ 于点 N,过点 E 作 $EK \perp HA$ 于点 K.证 $\text{Rt}\triangle ABH \cong \text{Rt}\triangle GAN$,有 $AH = GN$.证 $\text{Rt}\triangle ACH \cong \text{Rt}\triangle EAK$,有 $AH = EK$.因此 $GN = EK$.再证 $\text{Rt}\triangle GMN \cong \text{Rt}\triangle EMK$,有 $GM = EM$.

教学反思 借助数学问题之根的探究,利用图形直观分析问题,把复杂的问题变得简单、形象,进而通过类比推理剖析几何图形,添加辅助线揭示出研究对象蕴含的全等三角形,使学生的形象思维向高层次的抽象思维过渡,从而帮助学生启迪思路、发散思维,引导学生发现抽象、构造基本几何图形解决问题,提升学生的几何逻辑推理能力.

3. 思想之根——纵深思考

题根的学习价值在于化难为易,以题根为探究之基石,呈现题根元素的变更,向解题或思维方向延伸和推广,更简洁地解决问题,突出数学方法的类比和归纳,通过拓展织成题网,即所谓"纲举目张",题根就是这张网的"纲",从而学会利用图形去思考、联想.

问题 2 七年级一班数学兴趣小组在一次活动中进行了探究试验活动,请你和他们一起活动吧.

(1)[探究与发现]如图 12,AD 是 $\triangle ABC$ 的中线,延长 AD 至点 E,使 $ED = AD$,连接 BE,图中全等的两个三角形是_____;

(2)[理解与应用]如图 13,EP 是 $\triangle DEF$ 的中线,若 $EF = 5$,$DE = 3$,设

$EP=x$,则 x 的取值范围是＿＿＿＿＿＿＿＿＿;

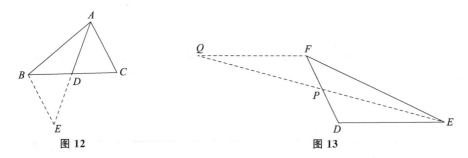

图 12　　　　　　　　　　　　　　图 13

（3）如图 14,已知 AD 是△ABC 的中线,$\angle BAC=\angle ACB$,点 Q 在 BC 的延长线上,$QC=BC$,求证:$AQ=2AD$.

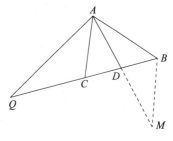

图 14

思路分析　（1）因为 $AD=DE,\angle ADC=\angle EDB,CD=BD$,所以 △$ACD\cong$△$EBD$.（2）延长 EP 至点 Q,使 $PQ=PE$,连接 FQ、EQ.证明△$PED\cong$△$PQF,EF-FQ<QE<EF+FQ$,即 $5-3<2x<5+3$,所以 $1<x<4$.（3）延长 AD 至点 M,使 $DM=AD$,连接 BM,△$ADC\cong$△MDB,有 $AC=BM$,证 $\angle ABM=\angle ABC+\angle DBM=\angle ABC+\angle ACB=180°-\angle CAB$,又 $\angle ACQ=180°-\angle ACB=180°-\angle CAB$,有 $\angle ABM=\angle ACQ$,易证△$ABM\cong$△QCA,有 $AM=QA$,又 $AM=2AD$,所以 $AQ=2AD$.

拓展　（1）如图 15,在△ABC 中,点 D 是 BC 边上的中点,$DE\perp DF$ 于点 D,DE 交 AB 于点 E,DF 交 AC 于点 F,连接 EF,求证:$BE+CF>EF$;（2）如图 16,在四边形 $ABCD$ 中,$\angle B+\angle D=180°,CB=CD,\angle BCD=140°$,以 C 为顶点作一个 $70°$ 的角,角的两边分别交 AB、AD 于点 E、F,连接 EF,探索线段 BE、DF、EF 之间的数量关系.

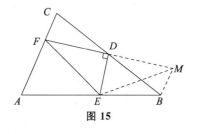

图 15

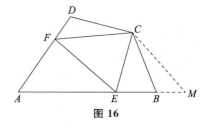

图 16

思路分析 （1）延长 FD 至点 M，使 $DM=DF$，连接 EM、BM，证得 $\triangle CDF\cong\triangle BDM$，所以 $CF=BM$.又 $\triangle EDF\cong\triangle EDM$，所以 $EF=EM$.在 $\triangle BME$ 中，$BE+BM>EM$，易得 $BE+CF>EF$.

（2）延长 AB 至点 M，使 $BM=DF$，连接 MC，证得 $\triangle CDF\cong\triangle CBM$，所以 $DF=BM,CF=CM$.证得 $\angle MCE=\angle FCE=70°$，易证 $\triangle CFE\cong\triangle CME$，$EM=BE+BM$，所以 $EF=BE+DF$.

教学反思 拓展问题，通过添加辅助线构造全等三角形，找出边与边的等价关系，揭示出基本图形之间的内在联系，实现数学知识发生、发展的原过程与学生认知过程的自然融合.拓展问题中的旋转变换图形是一种数学思维的创新与发散，可帮助学生深度理解数学思想方法的内涵，并逐步养成运用题根模型解决问题的习惯.

张奠宙先生指出:数学有原始形态、学术形态、教育形态三种形态.教学任务在于把数学的学术形态转化为教育形态.数学题根教学在于站在学生立场设计问题，从教育学的角度帮助学生理解基本图形，在分析图形解决问题的过程中，有"根"可循，有明确的解题方向，真正帮助学生实现解法自然、优化，更好地感知几何图形，领悟数学，养成良好的思维品质.

借数轴引路　助深度探究有悟
——基于数轴上动点问题的实践与思考

《义务教育数学课程标准》(2011 年版)指出:"在图形与几何模块中，经历图形的抽象、分类、性质讨论、运动、位置确定等过程，掌握图形与几何的基础知识与基本技能."在数学中可借助数轴，引导学生在观察、操作、实践体验的基础上学会综合推理论证，解决数轴上动点系列问题.

数轴是数与形结合的产物，分析数轴上点的运动要结合图形进行路径剖析，化动为静，分类讨论，寻求动点的几何意义，把点在数轴上运动形成的路径看作数轴上相关线段的和差关系，建立对应的等量关系解决问题.笔者尝试以数轴为载体设计动态问题情境，通过变式追问，引导学生发现规律，概括、归纳结论，从而关注对数形结合、转化、分类等数学核心思想的渗透，从几何视角探究出数轴上动点的几何意义的深层结构，获得问题的解决策略.

1. 认识数轴,发现问题

借助数轴的直观性描述几何基本图形点的集合存在性问题.自然解法的产生可借助于分类讨论.在运算、推理思维的引领下,获取命题的结论,抽象出数轴上的点对应方程的解,数与形的对应关系自然产生.

问题 1　如图 1a,A、B 两点在数轴上分别表示有理数 a、b,两点之间的距离用 AB 表示,利用数形结合思想回答下列问题:

(1) 如图 1b,数轴上表示 -2 与 0 这两点之间的距离是_____;

(2) 数轴上表示 x 与 -3 这两点之间的距离是_____;

(3) 若 x 表示一个有理数,$|x-1|+|x+2|$ 有最小值吗?

(4) 若 x 表示一个有理数,求 $|x-1|+|x-2|+\cdots+|x-2014|+|x-2015|$ 的最小值.

(5) 如图 1c,请说出 $|x-3|+|x+1|=7$ 所表示的几何意义,并求出 x 的值.

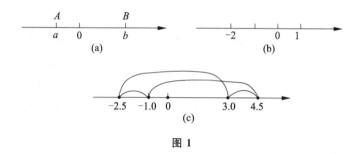

图 1

解析　(1) 2;(2) $|x+3|$;(3) 由于 A、B 两点之间的距离可记作 $AB=|b-a|$,因此 $|x-1|+|x+2|$ 可转化为 $|x-1|+|x-(-2)|$,即当 $-2\leqslant x\leqslant 1$ 时,有最小值 3;(4) 取数轴上表示 1 与 2015 的中点,即当 $x=1008$ 时,可计算出它的最小值为 1015056;(5) 数轴上 3 和 -1 对应点的距离为 4,对应点在表示 -1 的点的左侧或表示 3 的点的右侧,对应求出 $x=-2.5$ 或 $x=4.5$.

引导学生理解数轴上两点间的距离概念,即为这两点所对应的坐标差的绝对值.绝对值之和的最小值求解,以数轴上的特殊点为解决问题的突破口,从几何意义角度进行分类讨论求解,探求动点的变化规律.

2. 练于数轴,通解探究

聚集数轴上特殊点的几何意义,提炼共性,循序渐进地引导学生感悟问题,寻求有章可循的解题通法,由点对应的数到表示线段的长度,建立已知线段和未知线段的数量关系,深入探究生成的新问题,借助数轴,从形的角度深层理解绝对值的几何意义.

问题 2 如图 2,数轴上的点 A_1,A_2,$\cdots$,A_{20} 所表示的数分别为 a_1,a_2,$\cdots$,a_{20},若 $A_1A_2=A_2A_3=\cdots=A_{19}A_{20}$,且 $a_3=20$,$|a_1-a_4|=12$.(1)求 a_1 的值;(2)若 $|a_1-x|=a_2+a_4$,求 x 的值;(3)求 a_{20} 的值.

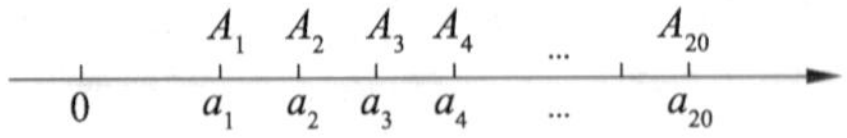

图 2

解析 (1)由 $|a_1-a_4|=3(a_4-a_3)=12$,可知 $A_1A_2=A_2A_3=A_3A_4=4$,所以 $a_1=a_3-8=12$;

(2) $|a_1-x|=|12-x|$,$a_2+a_4=16+24=40$,所以由 $|12-x|=40$ 解得 $x=-28$ 或 $x=52$;

(3) $a_{20}=a_1+4(20-1)=88$.

理解数轴上两点之间距离的几何模型,寻求两点之间距离的最本质的特征,即找出数与点的对应关系,尝试类比探究,从逆向思维角度:从已知两点距离去寻求两个对应端点的坐标特征,正确梳理有序点的对应关系、坐标与方程解之间的逻辑关系,帮助学生感受知识的整体性,自动意义建构,融会贯通知识结构.

3. 读懂数轴,再建经验

点在数轴上运动,理解对应的线段等图形位置变化,画出特殊点的位置,建立数学模型,列方程,化变为不变,化动为静,引导学生体验点运动过程中的数形结合思想、方程和分类讨论思想,使学生学会对几何图形进行定性分析和定量刻画.

问题 3 如图 3,数轴上点 A 表示 -2,点 B 表示 4,点 C 表示 3.(1)在该数轴上是否存在点 M,使得点 M 到点 A 的距离是点 M 到点 B 距离的 2 倍;(2)若点 A、C 分别以 2 个单位长度/秒和 0.5 个单位长度/秒的速度同时向右运动,问经过多少时间后点 A 与点 C 之间的距离为 3 个单位长度?

图 3

解析　(1)设点 M 在数轴上对应的数为 x,当点 M 在 A、B 两点之间时, $x-(-2)=2(4-x)$, $x=2$;当点 M 在点 B 右侧时, $x-(-2)=2(x-4)$, $x=10$.(2)设经过 t 秒后,点 A 与点 C 相距 3 个单位长度.点 A t 秒后对应的坐标为 $(2t-2)$,点 C t 秒后对应的坐标为 $\left(\frac{1}{2}t+3\right)$.当点 A 在点 C 右侧时, $(2t-2)-\left(\frac{1}{2}t+3\right)=3$, $t=\frac{16}{3}$(秒);当点 C 在点 A 右侧时, $\left(\frac{1}{2}t+3\right)-(2t-2)=3$, $t=\frac{4}{3}$(秒).

点在数轴上运动时,向右为正方向,看作正速度;向左为负方向,看作负速度.这样在起点的基础上加上点的运动路径就可以直接得到运动后的点对应的坐标,便于直观描述刻画.

观察动点的起始位置,借助动点产生的线段长度列出方程简化问题,用特殊位置对应的数值借助方程建立数量关系,在此基础上进行分类讨论,击破难点,避免出现漏解的情况.

拓展 1　如图 4,数轴 l 上一动点 Q 从原点 O 出发,沿直线 l 以每秒 2 个单位长度的速度来回移动,其移动方式是先向右移动 1 个单位长度,再向左移动 2 个单位长度,又向右移动 3 个长度单位,再向左移动 4 个单位长度,又向右移动 5 个长度单位.(1)求 5 秒后动点 Q 所处位置;(2)如果数轴 l 上还有一个定点 A,且点 A 与原点 O 相距 2 个单位长度,同时点 Q 从原点出发,可能与点 A 重合吗? 若能,则第一次与点 A 重合需要多长时间?

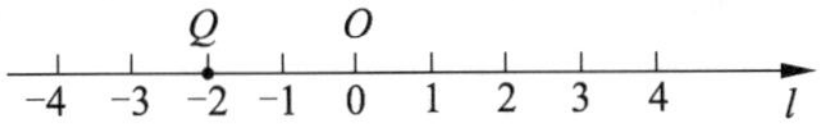

图 4

解析　(1)点 Q 5 秒的移动路程为 $1+2+3+4=2\times5=10$,点 Q 对应的数为 $1-2+3-4=-2$.(2)点 A 在原点右侧时,设点 Q 移动 n 次到达点 A,则 $\frac{n+1}{2}=20$, $n=39$,点 Q 的移动路程为 $1+|-2|+3+|-4|+\cdots+39=780$,时间为 $780\times\frac{1}{2}=390$(秒);点 A 在原点左侧时,设点 Q 移动 m 次到达点 A,则 $\frac{m}{2}=20$, $m=40$,点 Q 的移动路程为 $1+|-2|+3+|-4|+\cdots+$

$|-40|=820$,时间为 $820\times\dfrac{1}{2}=410$(秒).

引导学生运用通法步步深入探究,设置探究求解台阶,关注点运动的方向、速度变化与运动时间的关系,有效转化特殊点的位置特征,真实感受数学的研究过程,分类讨论,发现运动变化的点的几何多样性,理解点坐标刻画特殊点位置的内在规律,优化解题策略.

拓展 2 如图 5,数轴上点 A 表示 -30,点 B 表示 100.

图 5

(1) 若电子蚂蚁 P 从点 B 出发,以 6 个长度单位/秒的速度向左运动,同时另一只电子蚂蚁 Q 从点 A 出发,以 4 个长度单位/秒的速度向左运动,设两只电子蚂蚁在数轴上的点 D 相遇,求点 D 对应的数;

(2) 若电子蚂蚁 P 从点 B 出发,以 8 个长度单位/秒的速度向右运动,同时另一只电子蚂蚁 Q 恰好从点 A 出发,以 4 个长度单位/秒的速度向右运动.设数轴上的点 N 到原点 O 的距离等于蚂蚁 P 到点 O 的距离的一半,求 $ON-AQ$ 的值.

解析 (1) 设 t 秒后两只电子蚂蚁在点 D 相遇,则 $6t=4t+130$,解得 $t=65$,$4t=260$,故点 D 表示的数为 $-260-30=-290$;

(2) 如图 6,设 m 秒后点 N 到原点 O 的距离等于蚂蚁 P 到点 O 的距离的一半,$BP=8t$,$OP=100+8t$,$ON=\dfrac{1}{2}OP=50+4t$,又 $AQ=4t$,所以 $ON-AQ=50$(定值).

```
      A        O  Q              N   B
 ──┼───────┼──┼─────────────┼───┼──→
     -30       0                100      x
```

图 6

由点运动速度的特殊性和路径变化引发特殊位置的讨论,从设置一个动点到设置两个动点,激发学生的探究欲望.类比上述解法,寻求特殊线段长度之差的问题解决途径,实现学生对数学同类问题的深刻理解;认识通法之内涵,帮助学生较好地领悟数学思想和方法.

借助数轴对特殊点的位置探究展开专题系列动点问题探究,问题设置遵循合情推理、建模转化这条主线展开,探究过程不仅要使学生掌握基础知识、基本技能,更要求学生理解数学思想方法,积累探究活动的一些基本经验,并形成方法,这是初中数学专题探究的教育价值所在.

重温数轴上的动点问题,领悟基本的数学方法是教学目标,数学思想方法是知识的核心.笔者尝试彻底改变只关注知识本身,不关注知识间联系的数学学习偏差,以系列问题探究形式引导学生用数学的思维分析和理解问题,在感悟中生成策略,再建经验,真正提升学生的数学核心素养.

变式演绎精彩　建模成就精致
——"三角形的内切圆"复习课教学设计与思考

变式教学是指变换问题的结论与条件,抓住原问题的核心,对原题型进行改变,在多样变化的情形下对数学知识进行探究,揭示数学本质的不变性,从而全面深刻地理解问题.变式教学迁移问题情境,帮助学生克服思维定式,避免僵化、肤浅地看待问题,更好地实现学生的深度学习,从而发展学生的核心素养.下面就苏科版数学九年级"三角形的内切圆"复习课为例,谈谈个人对变式教学的认识.

1. 提出问题,认识模型

教学设计以 $\triangle ABC$ 内切圆 $\odot O$ 的半径与 $\triangle ABC$ 面积之间的数量关系为切入口,提出的问题起点低、易上手,探究思路清晰,多角度、多层次地引导学生展开数学联想,弄明白结论的来源,进而理解模型的结论特征,为下面尝试引用这个结论解决问题埋下伏笔.设计的问题具有广延性,由特殊到一般,易于学生发现新问题并做进一步的探究与推广.

问题　如图 1,$\triangle ABC$ 的内切圆分别与 AB、AC、BC 相切于点 D、E、F,若 $\odot O$ 的半径为 r,记 $AB=c$,$BC=a$,$AC=b$,试用 a、b、c、r 表示 $S_{\triangle ABC}$.

解析　分别连接 OD、OE、OF、OA、OB、OC,则 $S_{\triangle ABC}=S_{\triangle OAB}+S_{\triangle OBC}+S_{\triangle OAC}=\frac{1}{2}r\cdot c+\frac{1}{2}r\cdot a+\frac{1}{2}r\cdot b=\frac{1}{2}(a+b+c)r.$

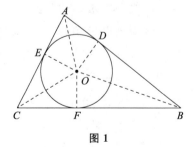

图 1

变式 1 如图 2,$\triangle ABC$ 中,$\angle C = 90°$,$Rt\triangle ABC$ 的内切圆 $\odot O$ 分别与 AB、AC、BC 相切于点 D、E、F,若 $AD = 3$,$BD = 4$,求 $S_{Rt\triangle ABC}$.

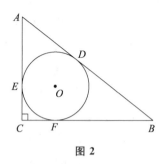

图 2

解析 设 $CE = CF = x$,因为 $AC^2 + BC^2 = AB^2$,所以 $(3+x)^2 + (4+x)^2 = (3+4)^2$,即 $x^2 + 7x = 12$,$S_{Rt\triangle ABC} = \dfrac{1}{2}AC \cdot BC = \dfrac{1}{2}(x+3)(x+4) = \dfrac{1}{2}(x^2 + 7x + 12) = \dfrac{1}{2}(12+12) = 12$.

变式 2 如图 3,$\triangle ABC$ 中,$\angle C = 90°$,$Rt\triangle ABC$ 的内切圆 $\odot O$ 分别与 AB、AC、BC 相切于点 D、E、F,若 $AD = m$,$BD = n$,用 m、n 表示 $S_{Rt\triangle ABC}$.

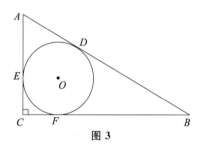

图 3

解析 设 $CE = CF = x$,$Rt\triangle ABC$ 中,$AC^2 + BC^2 = AB^2$,即 $(x+m)^2 + (x+n)^2 = (m+n)^2$,$x^2 + (m+n)x = mn$,所以 $S_{Rt\triangle ABC} = \dfrac{1}{2}AC \cdot BC = \dfrac{1}{2}(x+m)(x+n) = \dfrac{1}{2}[x^2 + (m+n)x + mn] = \dfrac{1}{2}(mn + mn) = mn$.

由问题到变式 1 和变式 2,相同的问题情境,不同的研究视角,合理运用三角形内切圆的性质,运用勾股定理揭示出求解直角三角形面积的一般方法,深入挖掘,把简单刻板的学习融化在多姿多彩的新问题情境中,有效地提高学生的学习积极性,化抽象为具体,化乏味为兴趣,使学生深度思考,构建自己对问题的理解.

2. 迁移方法,巧妙构造

读懂直角三角形面积求解的几何模型,在理解直角三角形面积公式 $S_{\triangle ABC} = mn$ 的基础上,引导学生理解直角三角形内切圆半径与此三角形三边之间的内在联系,迁移方法,对新问题和新方法产生新的洞察和兴趣,促进思维的深度发展,培养学生深度学习的能力.

变式 3 如图 4,$\triangle ABC$ 的内切圆 $\odot O$ 分别与 AB、AC、BC 相切于点 D、E、F,若 $AD = m$,$BD = n$,$AC \cdot BC = 2mn$,求证 $\angle C = 90°$.

解析 设 $CE = CF = x$,则有 $AC \cdot BC = (x+m)(x+n) = 2mn$,即 $x^2 +$

$(m+n)x=mn.$ 又 $AC^2+BC^2=(x+m)^2+(x+n)^2=2[x^2+(m+n)x]+m^2+n^2=(m+n)^2=AB^2$，所以 $\angle C=90°$.

变式 4　如图 5，$\triangle ABC$ 中，$\angle C=60°$，$\triangle ABC$ 的内切圆 $\odot O$ 分别与 AB、AC、BC 相切于点 D、E、F，若 $AD=m$，$BD=n$，试用 m、n 表示 $S_{\triangle ABC}$.

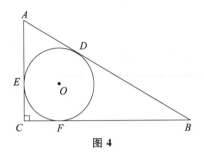

图 4

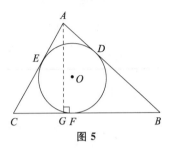

图 5

解析　过点 A 作 $AG\perp BC$ 于点 G，设 $CE=CF=x$，$AG=\dfrac{\sqrt{3}}{2}(x+m)$，

$CG=\dfrac{1}{2}(x+m)$，$BG=(x+n)-\dfrac{1}{2}(x+m).$ Rt$\triangle ABG$ 中，$AG^2+GB^2=AB^2$，即 $\left[\dfrac{\sqrt{3}}{2}(x+m)\right]^2+\left[(x+n)-\dfrac{1}{2}(x+m)\right]^2=(m+n)^2$，所以 $x^2+(m+n)x=3mn$，$S_{\triangle ABC}=\dfrac{1}{2}\cdot BC\cdot AG=\dfrac{1}{2}(x+n)\cdot\dfrac{\sqrt{3}}{2}(x+m)=$

$\dfrac{\sqrt{3}}{4}[x^2+(m+n)x+mn]=\dfrac{\sqrt{3}}{4}(3mn+mn)=\sqrt{3}\,mn.$

从变式 3 的直角三角形到变式 4 的锐角三角形，深度研究利用勾股定理构造 Rt$\triangle ABG$ 的一般方法，引导学生体验到数学理解是一个动态过程，作垂线段 AG 是认知结构和知识意义的建构过程，运用演绎推理探究出研究内容与基本方法之间存在的内在关系，帮助学生全面深刻地理解基本模型的本质特征及各知识之间的联系.

3. 方法贯通，拓展思维

变式问题把呈现的知识与方法融会贯通，通过变换问题情境设计二维空间中的动态问题，引发学生多角度思考，循序渐进的思维爬坡将升华为学生进一步的分析、评价、推论和解释，这是数学深度学习的一个表征，也是直接作用于批判性思维的经验阐释.

变式 5 如图 6，$\triangle AOB$ 中，$\angle AOB = 90°$，$\mathrm{Rt}\triangle AOB$ 的内切圆 $\odot I$ 分别与 OA、OB、AB 相切于点 E、F、P，$AB = 10$，点 A 在 Oy 上滑动，点 B 随线段 AB 在射线 Ox 上滑动（A、B 与 O 不重合）.

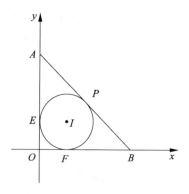

图 6

（1）$\mathrm{Rt}\triangle AOB$ 的周长、$\odot I$ 的半径、$\triangle AOB$ 的外接圆半径，这几个量中不会发生变化的是哪个?

（2）若 $AE = 4$，求 $\odot I$ 的半径;

（3）设 $\mathrm{Rt}\triangle AOB$ 的面积为 S，$AE = x$，求 S 与 x 之间的函数关系，并求出 S 最大时 OA 的长.

解析 （1）$\triangle AOB$ 外接圆半径为 $\frac{1}{2}AB = 5$，不会变化;

（2）$\mathrm{Rt}\triangle AOB$ 中，设 $\odot I$ 的半径为 r，则 $(r+4)^2 + (6+r)^2 = 10^2$，所以 $r_1 = 2，r_2 = -12$（舍）;

（3）设 $\odot I$ 的半径为 r，$BO = a$，$AO = b$，有 $r = \frac{1}{2}(a+b-10)$，又 $r = b - x$，所以 $a - b = 10 - 2x$，又 $a^2 + b^2 = 100$，所以 $2ab = -4x^2 + 40x$，因此 $S = \frac{1}{2}ab = -x^2 + 10x = -(x-5)^2 + 25$，当 $x = 5$ 时，$S_{\max} = 25$. 此时，$a = b = 5\sqrt{2}$.

设计的变式 5 在平面直角坐系中生长问题，有效整合了三角形周长、面积与它的内切圆半径之间的内在联系，通过对这几个变量之间的数量和位置关系的探究，引导学生的数学思维在知识的交汇处碰撞，进一步拓展了学生分析问题能力的空间，提升了学生的思维水平和思维层次.

本案例的变式教学从一个最基本的几何模型出发，在变式中认识数学知识的本质和规律，教学设计最终指向学生的思维方式和思维品质，教学变式中的"变"始终以学生的深入思考为主体. 模型研究促进了学生深度学习，成就了精致的教学设计，有效地提升了数学思维的灵活性、发散性和深刻性，培养了学生的探索能力和创新意识.

设置旋转支架　引导建模思考

——以"一次函数图像"复习课教学设计为例

以苏科版数学八年级(上)第六章第三节"一次函数图像"为例,引导学生感受一次函数与一元一次方程、一元一次不等式的内在联系,尝试从旋转的角度感受变量之间由位置变化引发的数量关系变化,从形的角度理解旋转、平移、翻折等几何变换,掌握利用数学建模解决问题的方法,通过转化数学问题感受数学与方程的辩证统一,感受数学知识与方法的内在联系.

基础较好的学生能掌握研究一次函数图像性质的一般方法,可以用函数的观点理解不等式(组)、方程(组),但不能较好地用联系的观点来分析问题,抽象出数学模型,还有待教师精心设计问题串引导其体会和感悟一次函数(式)与图像(直线)间的灵活转化,把数学方法渗透到每个教学环节,分析典型、归纳方法,使学生在能力上有新的认识和提升.

通过学习,能根据一次函数的图像和函数关系探索并理解一次函数的性质,体会函数、方程、不等式之间的联系,会用类比和数形结合的思想方法研究一次函数,体验研究数学问题常用的方法,学会发现和创新.其教学过程可用图 1 所示结构框图表示.

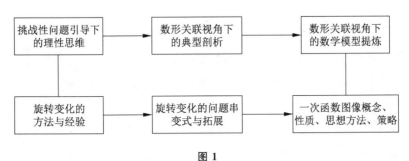

图 1

1. 梳理结构,知道来路

问题 1　如图 2,已知直线 $y=kx+b(k\neq0)$ 与 x 轴相交于点 $A(-3,0)$,观察图像,你能得出哪些结论?

解析　将点 $A(-3,0)$ 代入函数解析式 $y=kx+b$,得 $3k=b$,其中 $k\neq0$.由题设知,关于 x 的一元一次方程 $kx+b=0$,解为 $x=-3$,因此关于 x 的不

等式 $kx+b>0$,解集为 $x>-3$.当 $x\le 0$ 时,$kx+b\le 0$.

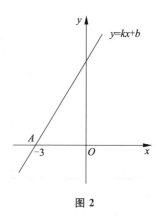

设计意图 直线 $y=kx+b(k\ne 0)$ 经过点 $A(-3,0)$,观察图像驱动学习认知质疑,联想函数、方程、不等式三者之间的内在关系,从方程的解 $x=-3$,得到不等式的解集 $x>-3$.由定点 $A(-3,0)$ 展开探究,搭建研究函数模型的基本框架和套路,从"形"为"数",发现共性、特性、关系的内在特征,开放性的问题探究有效地训练了学生的迁移和生长性数学思维.

图 2

2. 明晰思路,分析整合

问题 2 如图 3,已知直线 $y=kx+b(k\ne 0)$ 与 x 轴相交于点 $A(-3,0)$,已知点 $Q(-3,-4)$,若把该直线绕点 A 旋转,当点 O、点 Q 到该直线的距离相等时,求满足此条件的直线解析式?

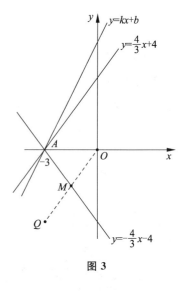

解析 第一种情况,直线 $y=\dfrac{4}{3}x+4$ 平行于线段 OQ;第二种情况,取 OQ 的中点 M,直线 AM 的解析式为 $y=-\dfrac{4}{3}x-4$.

设计意图 从旋转直线的视角设计问题,超越记忆和模仿的浅层思考,以两个点在直线的同侧和异侧这两种情况建立数学模型,"点

图 3

到直线的距离"可建模成两个全等的直角三角形.深入理解旋转直线问题的核心和本质,引导学生达到"不愤不启,不悱不发"的研究性学习状态,历练思维,提升能力.

拓展 1 续问题 2 的条件,如图 4,直线 $y=kx+b(k\ne 0)$ 与 y 轴相交于点 B,$OB=2OA$.若 $\triangle ABO$ 以 3 个单位/秒的速度向下平移,同时点 Q 以 1 个单位/秒的速度向右平移,平移时间是 t 秒,若点 Q 落在 $\triangle ABO$ 内部(不包含三角形的边),求 t 的取值范围.

解析 t 秒后,直线 AB:$y=2x+6-3t$,点 $Q(-3+t,-3)$.若点 Q 在直

线 AB 上,则 $-3=2x+6-3t$,$x=\dfrac{1}{2}(3t-9)$;若

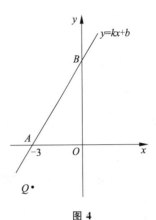

点 Q 在 $\triangle ABO$ 内部,则 $\begin{cases} 3t>3 \\ -3+t<0 \\ \dfrac{1}{2}(3t-9)<-3+t \end{cases}$,所

以 $1<t<3$.

设计意图　一题多变,设计动态的三角形和动点的位置关系进行探究,从一般到特殊,化动为静,用含 t 的代数式刻画动态状况,即动点 $Q(-3+t,-3)$,动直线 $AB:y=2x+6-3t$,动点 Q 在动 $\triangle ABO$ 内部,转化建模,以动点 Q 恰好在动直线 AB 上的位置为突破口,列出不等式组表示出动点 Q 的位置状态,提炼解题方法搭建从特例到通例的桥梁.

3. 提炼方法,探究出路

拓展 2　已知直线 AB 与 x 轴相交于点 $A(-3,0)$,与 y 轴相交于点 B,$OB=2OA$.

(1) 若将直线 AB 绕点 B 旋转 $90°$,求旋转后直线上与点 A 对应的点的坐标.

解析　如图 5,过点 A' 作 $A'C\perp y$ 轴于点 C,过点 A'' 作 $A''D\perp y$ 轴于点 D,证 $Rt\triangle A'CB\cong Rt\triangle A''DB\cong Rt\triangle BOA$,有 $A'(6,3)$,$A''(-6,9)$.

变式 1　若将直线 AB 绕点 B 顺时针旋转 $45°$,求旋转后所得直线的解析式.

解析　如图 6,作等腰 $Rt\triangle ABA''$,取 AA'' 的中点 G,有 $G\left(-\dfrac{9}{2},\dfrac{9}{2}\right)$,可

求出直线 $BG:y=\dfrac{1}{3}x+6$.

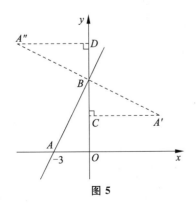

图 5

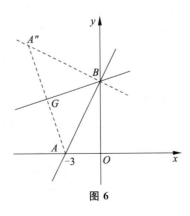

图 6

设计意图 直线 AB 绕点 B 旋转 $90°$,建模构造全等三角形求解.拓展变式问题旋转 $45°$,把两个全等三角形生长变形为一个等腰直角三角形.层层递进,帮助学生积累经验,从形的角度进行构图转化,几何推论,有效地发展了学生的思维广度和深度.

（2）如图 7,若点 C 是线段 OB 上一点,将线段 CA 绕点 C 顺时针旋转 $90°$ 得 CD,此时点 D 恰好落在直线 AB 上,求点 C 的坐标.

解析 过点 D 作 $DE \perp y$ 轴于点 E,证 $\text{Rt}\triangle AOC \cong \text{Rt}\triangle CED$.设 $C(0,t)$,则有 $D(-t,t+3)$,点 D 在直线 $y=2x+6$ 上,得点 $C(0,1)$.

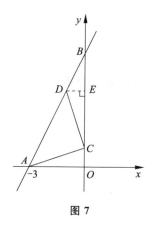

图 7

设计意图 理解几何图形的建模过程,从旋转直线到线段上动点 C 的位置探究,深入挖掘题中的隐含条件,线段 CA 旋转后得到线段 CD,有 $CA=CD$,构造两个全等的直角三角形,再次强化建模意识,启迪学生思维,提升思维品质.

（3）如图 8,若点 P 是 x 轴上一个动点,将 BO 沿直线 PB 翻折,使点 O 恰好落在直线 AB 上的点 E 处,求点 P 的坐标.

解析 $AB=3\sqrt{5}$,$AE=3\sqrt{5}-6$.设 $OP=t$,$\text{Rt}\triangle APE$ 中,$(3\sqrt{5}-6)^2+t^2=(3-t)^2$,解得 $t=6\sqrt{5}-12$,点 $P(12-6\sqrt{5},0)$.

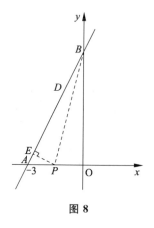

图 8

设计意图 教学设计遵循数学知识演绎(知识方法的发展)到解决新问题(知识方法的应用),由直线 AB 旋转的生长点延伸至翻折变换,建构的两个全等三角形和一个直角三角形,找到几何变换之间的实质性联系,体现了思维路径的开放性.

4. 拓展延伸,挖掘提升

变式 2 已知直线 AB 与 x 轴相交于点 $A(-3,0)$,与 y 轴相交于点 B,$OB=2OA$.

（1）如图 9,第三象限的点 P 在直线 AB 上,且 $OP^2-PA^2=15$,求点 P 的坐标.

解析　过点 P 作 $PC \perp x$ 轴于点 C，设 $P(n, 2n+6)$，$OC = -n$，$PC = -2n-6$. 在 Rt$\triangle POC$ 中，$OP^2 = n^2 + (2n+6)^2$. 在 Rt$\triangle ACP$ 中，$PA^2 = (2n+6)^2 + (-3-n)^2$. 又 $OP^2 - PA^2 = 15$，所以 $n = -4$，点 $P(-4, -2)$.

设计意图　以"图形背景－图形模型－揭示联系"为探究主线，剖析直线上动点 P 与特殊点之间的数量关系，由形及数，运用勾股定理转化为方程求解. 理解几何图形之间的结构与特征，用数学建模的方式进行思考，清晰地解读出动点问题对应的基本模型逻辑顺序与内涵.

（2）如图 10，若点 $D(0, -1)$，试求 $\angle BAO - \angle DAO$.

解析　作点 D 关于 x 轴的对称点 D'，过点 D' 作 $D'H \perp AB$ 于点 H，$S_{\triangle ABD'} = \dfrac{1}{2}AB \cdot D'H = \dfrac{1}{2}BD' \cdot OA$，故 $D'H = \sqrt{5}$. 再计算出 $AD' = \sqrt{10}$，$AH = D'H = \sqrt{5}$，$\triangle AHD'$ 为等腰直角三角形. 故 $\angle BAD' = 45°$，即 $\angle BAO - \angle DAO = 45°$.

设计意图　聚集稳定思维和优化策略的学习目标，问题启迪，层层递进，设计求两个角的差的探究问题，通过添加垂线段 $D'H$，强化几何推理通性通法，关注问题解决思路分析，积累思维活动经验，凸显数学核心素养.

以几何变换为研究途径，以一次函数图像的知识为载体，以动态建模的求解形式进行复习课教学，引导学生感知一次函数两个变量之间的数量与位置关系的变化规律，理解数形结合、数学模型是学习函数的基本方法，多样化、多角度、多层次的教学探究活动围绕"旋转"运动展开，有效地培养了学生数学思维的合理性、深刻性和灵活性.

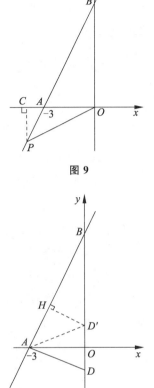

图 9

图 10

第4章

理解"情境"双向"模型"的建构,开始深度学习

在数学教学中,教师要依据初中数学教学内容和初中生的年龄特点与思维特征,设计好教学内容的相关数学情境问题,渗透数学模型的思想方法,让学生掌握解决数学情境问题的数学模型思想,从而对情境问题进行数学模型的建构,掌握数学情境的数学本质,进行数学深度学习.

（1）简化未知变量,科学表述

为了更好地实现"数学情境"和"数学模型"的双向建构,沟通好数学情境与数学模型,以及运用数学思想、数学模型解决数学情境问题,就需要恰当地运用简洁明了的数学语言对数学情境和数学模型进行数学化的表述,将数学情境中的基本关系数量化、符号化,将数学模型的符号语言情境化.

（2）展现建构过程,深入思考

通过适当的分析和假设,一步一步进行转化、简化,最终建构出新的数学模型或数学情境.还要引导学生深入思考什么是主要因素,什么是次要因素,哪里需要引入数学变量,哪里需要简化变量,并一步一步地展现出来,让学生知其所以然,确定出数学问题的结果,最终让学生触类旁通、举一反三.展现数学情境和数学模型的建构过程,也是突破教学重点、难点的一个良好的方法,让学生不但要知其然,还要知其所以然.

（3）一种模型多种情境,体会到数学模型的应用价值

一种数学模型存在,必然可以找到许多数学情境.通过对数学模型的认识和理解,学生进一步领悟数学模型的本质,能根据数学模型的特征自主建构数学情境,解决数学问题,体会到数学模型的应用价值.

（4）迁移数学知识情境,建立数学学科与其他学科知识之间的联系

迁移数学知识情境不仅可以激发学生的学习兴趣,而且可以建立数学学科与其他学科知识之间的联系;不仅能够加深学生对基础知识的理解,而且

能使他们产生丰富的联想,贯通知识之间的联系,促进数学核心素养的发展,扩大知识面,提升数学文化素养.

(5) 组织有效的学习活动,积累数学基本活动经验

深度学习立足学生"最近发展区",倡导学生有足够的时间和空间经历观察、比较、分类、归纳、概括、猜测、实验、验证、计算、推理等活动过程,在问题解决过程中,学生理解了数学基础知识、掌握了数学基本技能、感悟了数学基本思想、积累了数学基本活动经验.

探寻数形关联　自然构造模型
——以一堂探究复习课的教学设计为例

课堂教学需要立意.立意的高低决定了一堂课的内涵与品质,高立意的品位之本在于教学设计,尝试从教学内容出发,设计有效的探究活动,把知识背后的数学思想方法予以揭示,使数学知识与思想方法的明暗两条线有效组成设计和教学的双翼,引导学生有效学习.

本课例以苏科版数学八年级"反比例函数的图像与性质"复习课为例,以"知识背景—知识形成—提炼方法—揭示本质"为探究主线,引导学生在润物无声中注重知识关联,建构数学模型解决问题,感受与理解生长型的复习理念.该内容是继正比例函数、一次函数之后,二次函数之前的又一类函数.教学设计立足函数知识的"生长点"与"延伸点",聚焦知识间的相互联系,通过设计系列探究活动引导学生找到知识之间的逻辑顺序,深入思考,剖析建构方法,寻求知识之间的实质性联系.本节课的教学目标为通过问题驱动学生思考,理解比例系数 k 的几何意义,学会类比、数形结合、建立"$a-b$"几何模型,灵活转化,解决问题.

1. 情境引入,建立"数""形"联系

问题 1　如图 1,点 $P(x,y)$ 为 $y=\dfrac{8}{x}(x>0)$ 图像上一点,你能获得什么信息?

设计意图　引导学生抽象出比例系数 $k=8$ 的几何意义,由特殊到一般,直击函数图像的"形".如图 2,构造矩形 $PBOA$,理解其面积等于 $|k|$ 的几何意义,理解反比例函数的对称性,有 $OP=OQ$,为后续的探究做好铺垫.

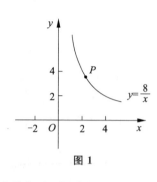

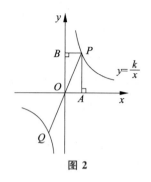

图 1

图 2

2. 合作探究,提出问题

问题 2 如图 3,点 $P(x,y)$ 为 $y=\dfrac{8}{x}$ $(x>0)$ 图像上一动点,点 M 是线段 OP 的中点,你能提出什么问题?

问题启智 (1)已知点 $P(x,y)$,如何用 x、y 表示 OP 的中点 M 的坐标?(2)随着点 P 在 $y=\dfrac{8}{x}(x>0)$ 图像上运动,你能发现什么? 如何用数学语言刻画中点 M 的运动轨迹?

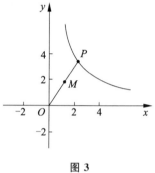

图 3

设计意图 引导学生既见"树木",又见"森林",归纳抽象出动点 M 在 $y=\dfrac{8}{x}(x>0)$ 图像上的轨迹,尝试从动态的角度认识问题,加深学生对双曲线性质的理解,即图像上所有点的坐标都满足条件 $xy=8(x>0)$,反之满足条件的点都在该图像上.分析运动过程中产生的函数关系,培养学生的推理能力,使其清晰地表达自己的观点.

问题 3 如图 4,续问题 2,若点 $P(4,2)$,作 $PA\perp x$ 轴于点 A,$PB\perp y$ 轴于点 B,试求出有关点的坐标及 $S_{\triangle BOC}$、$S_{\triangle AOD}$、$S_{\triangle CPD}$、$S_{\text{四边形}CODP}$.

变式 1 如图 5,续问题 2,将两个反比例函数的比例系数分别记作 a、b $(a>b>0)$.(1)试用字母 a、b 分别表示 $S_{\triangle BOC}$、$S_{\triangle AOD}$、$S_{\triangle CPD}$、$S_{\text{四边形}CODP}$;(2)若点 C 为线段 BP 的中点,你能发现什么?

问题启智 (1)解决问题 3 的突破口是什么?如何表示点 P 的坐标,可使问题简化?(2)如何用字母 a、b 表示线段 PC、PD 的长度?(3)所求图形面积与比例系数 a、b 存在什么数量关系?(4)如何用几何语言推理点 C 为

线段 BP 的中点?(5)动点 P 的坐标与动点 C、D 的坐标之间有何数量关系?

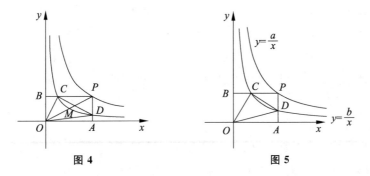

图 4　　　　　　　　　图 5

设计意图　引导学生经历从特殊到一般的探究过程,问题设计呈层次性、递进性,聚焦点 P、C、D 的坐标,求出线段 PC、PD 的长度,立足函数知识交汇点,便于学生进行经验迁移,观"形",建"型",理解"$S_{四边形CODP} = a - b$"的几何模型.

变式 2　如图 6,已知点 $P(5,3)$,过点 P 分别作 $PA \perp x$ 轴于点 A,交 $y = \dfrac{b}{x}(b>0、x>0)$ 的图像于点 D,$PB \perp y$ 轴于点 B,交 $y = \dfrac{b}{x}(b>0、x>0)$ 的图像于点 C.若 $S_{四边形CODP} = 9$,求 b 的值.

变式 3　如图 7,点 P 为 $y = \dfrac{a}{x}(a>0、x>0)$ 图像上一动点,过点 P 分别作 $PA \perp x$ 轴于点 A,交 $y = \dfrac{b}{x}(b>0、x>0)$ 的图像于点 D,$PB \perp y$ 轴于点 B,交 $y = \dfrac{b}{x}(b>0、x>0)$ 的图像于点 C,其中 $a>b$.请添加一条线段,构造出面积为 $a - b$ 的矩形.

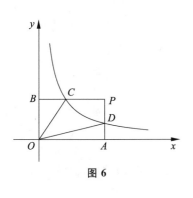

图 6

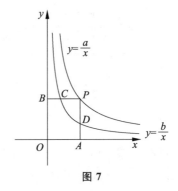

图 7

问题启智 (1)试分别从"形"和"数"的角度探求线段 PC、PD、PB、PA 之间的数量关系;(2)若连接 AB、CD,试探求线段 AB、CD 的位置关系;(3)梳理构造面积为 $a-b$ 的矩形的一般方法,寻求相关矩形面积的变化规律;(4)概括总结解决此类问题的经验图式.

设计意图 引导学生关注图形的结构特征,用数形结合的方法理解面积为 $a-b$ 的矩形的本质,如图8,理解 $S_{矩形BOEC}=S_{矩形FOAD}=b$,$S_{矩形PCEA}=S_{矩形BFDP}=a-b$,理解线段 PC、PD、PB、PA 之间的数量关系是解决问题的突破口.化动为静,通过建模,实现数形转化,利用直观的图形更深刻地揭示知识本质.

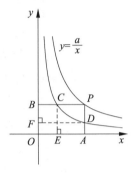

图 8

3. 提炼模型,活化思维

问题 4 如图9,若点 A、C 在 $y=\dfrac{a}{x}(a>0)$ 的图像上,点 B、D 在 $y=\dfrac{b}{x}(b>0)$ 的图像上,且 $a>b>0$,$AB\,/\!/\,CD\,/\!/\,x$ 轴,$AB=\dfrac{3}{4}$,$CD=\dfrac{3}{2}$,AB 与 CD 之间的距离为6,求 $a-b$ 的值.

变式 如图10,已知点 A、C 在 $y=\dfrac{a}{x}(a>0)$ 的图像上,点 B、D 在 $y=\dfrac{b}{x}$ $(b<0)$ 的图像上,$AB\,/\!/\,CD\,/\!/\,x$ 轴,AB、CD 在 x 轴的两侧,$AB=3$,$CD=2$,AB 与 CD 之间的距离为5,求 $a-b$ 的值.

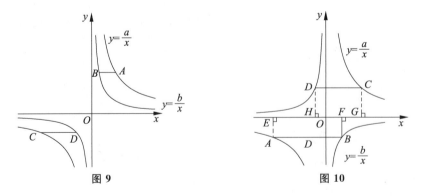

图 9　　　　　　图 10

问题启智 (1)如何构造几何模型,求出 $S_{矩形CDHG}$、$S_{矩形EABF}$?(2)如何表示 AB 与 CD 之间的距离?(3)问题4与变式的图形特征有什么差异?如何用数学语言表述?(4)请另辟蹊径,尝试用多样化方法解决该问题.

设计意图　变式问题引导学生联想并建立模型,随着目标图形的变化,探究其中面积的变化规律,实现由"形"到"数"的重要转化,用整体思想和转化思想认识"$a-b$"蕴含的丰富内涵.问题 4 构造建模,变式 4 进行思维的延伸,引导学生认识到数学建模的应用价值,列出等量关系,简化问题,领悟基于更高层次的知识结构的通性通法,增强学生通过构建数学模型解决问题的浓厚兴趣和创新意识.

拓展 1　如图 11,A、B 两点在 $y=\dfrac{a}{x}$ 的图像上,C、D 两点在 $y=\dfrac{b}{x}$ 的图像上,$AC\perp y$ 轴,垂足为点 E,$BD\perp y$ 轴,垂足为点 F,$AC=2$,$BD=1$.若 $a-b=2$,求 EF 的值.

拓展 2　如图 12,已知函数 $y=\begin{cases}-\dfrac{12}{x} & (x>0)\\[2mm]\dfrac{3}{x} & (x<0)\end{cases}$,点 P 是 y 轴负半轴上一

动点,过点 P 作 y 轴的垂线交函数图像于 A、B 两点,连接 OA、OB.(1)若已知点 $P(0,-3)$,试说明 △OAB 是等腰三角形;(2)说明无论点 P 在什么位置,始终有 $S_{\triangle AOB}=7.5$,$AP=4BP$;(3)总结解决此类问题的基本套路,请你提出新问题,再探究,再创造.

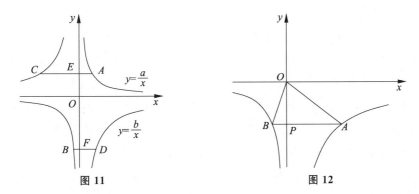

图 11　　　　　　　　　　　　图 12

问题启智　(1)若 ∠$AOB=90°$,试求出点 P 的坐标.(2)若有 □$OBQA$,试问点 Q 在 $y=-\dfrac{12}{x}$ 的图像上吗?为什么?(3)若把拓展 2 中两条双曲线的函数解析式的反比例系数改为 a、b,你能发现什么,能得出哪些新的结论?

设计意图　反比例函数图像的问题中隐藏着大量的几何信息,引导学生

自己提出问题,自觉分析,加深对数学模型的认识,理解建模的一般步骤,发现条件与条件、条件与结论之间的联系,发现一次函数与反比例函数知识点之间的链接,寻求解题思路,学会点坐标与线段之间的相互转化,探究发现"数"与"形"之间的联系,体会整体感知的优点,提升思维层次.

复习反比例函数内容的教育价值在于涉及二次函数的内容时,可将研究函数建模方法迁移到其他函数的研究上,如观察、猜想、验证、抽象、概括等,这是将知识转化为能力的前提与保证,也是使学生形成良好的数学素养和可持续发展的关键所在.数学复习旨在立足学生后续学习的潜能,挖掘问题背后所蕴含的理念,从而达到对数学思想方法的再认识,积累解题策略,更有效地提升学习效益,尝试打造出和谐自然、有效的数学课堂.

4. 精巧设计,育人无痕

综观反比例函数背景下的几何面积探究课例的教学设计,它们都遵循了学生的认知规律,侧重引导学生经历观察、实验、猜想、计算、推理、验证等思维活动,引导学生主动探究,从数学思想方法的层面上去解决问题,帮助学生理解数学本质,实施活动育人、过程育人.本课例的教学设计突出能力立意、表述简洁、内涵丰富,充分体现了课标及新课程理念,对初中数学教学具有很好的导向作用.

(1)抓牢函数本质,深化函数概念

本课例的教学设计通过对反比例函数系数 k 的几何意义的探索,让学生感受两个变量之间的变化对应规律,理解图形的结构特征,深化对反比例函数本质(变化与对应)的认识.本课例以层层递进的问题串指引探究主线,牢牢抓住函数的本质,结合图像上的特征,开展了反比例函数后续相关知识的深度探究活动,把图像特点转化为"数"的变化关系.本课例重点在于通过辨析函数及性质,增强学生运用数学知识的能力,理解函数对应的数形结合、建模思想等形成过程,理解用几何方法解决代数问题更直观简便,真正体现课标要求"性质的探索过程——根据图像和解析式开展探索并理解其性质",通过建模,促进学生积极思考,突破教学难点,使学生在问题解决中发现数学的价值与美.

(2)从"教怎样做"到"教怎样想"

数学复习课不能让学生对问题的"懂"仅停留在对解题步骤的理解,对于这种解决问题的方法,教师应尝试从"教怎样做"转向"教怎样想".本课例选择探究反比例函数图像的性质,借助图像,经历问题驱动,再创造过程,知识溯源,从求解特殊四边形面积到构造面积为 $a-b$ 的矩形模型,打开解决问题的思维通道,明确解决问题的思考方向,紧紧围绕图像特点和数量变化的对应关系,在"数"和"形"之间往返穿梭,变式问题,少遵循,多构建,从基本图形分析、基本结构剖析、基本模型转化的角度入手,构建基本模型解决问题(一是利用原有基本模型,二是构造新的基本模型),拓宽学生的思维视野,明晰数学知识从哪里来、到哪里去,提升学生的迁移能力、辨析建模能力,在思想方法层面充分体现专题复习的魅力.

（3）立足探究,育人无痕

培养学生的探究能力,重在教师的教学引领,如果教师的教学方式仍然以传授知识为主,那么培养学生的探究能力就很可能成为纸上谈兵.我们教给学生知识固然重要,但更重要的是为学生提供探究问题的空间,引起学生探究的乐趣.本课例从分析几何图形特征的差异到建构几何模型,以理解面积等于 $|k|$ 的比例系数的几何意义和构造面积为 $a-b$ 的矩形为深度探究的主线,寻求相关矩形面积的变化规律,用多样化的方法解决问题,引导学生如何读图、如何建模、如何转化、如何思考,深刻反映简单解法背后的自然性以及思维发展观,拓展学生观察、猜测、推理、验证的思考空间.课例中无痕的思维过渡环节激发了学生主动探究数学问题的欲望,课堂上充满了更多的生机和活力.严谨求实的探究推理能力训练真正体现了数学学科的育人功能.

（4）关注通法,回归本真

数学学习尝试一法多用,多题归一,从而推进学生的思维进程.通性通法是经过探究、反思、总结、归纳出来的常规方法,它是解一题、连一片、通一类的根本方法.本课例的教学设计,问题情境新颖,问题串导向准确,从挖掘变量之间的关系入手,从"形"的角度寻找思路,变式拓展问题,寻求相关矩形面积变化规律,概括总结解决此类问题的经验图式,有效进行数学思维的延伸,问题设计前后呼应、立意高远,帮助学生增强几何直观能力,掌握通法,形成基本图形和结论,让学生得到有序的思维训练,积累解题经验,优化解题思路.

（5）蕴含思想,教学设计追求高度

数学思想是学习数学的精髓,是数学知识形成、发展过程中更高层次的抽象与概括.本课例以数学反比例函数图像为载体,站在教学研究的高度引导学生自主建构模型,思维始于问题,通过设计开放性、迁移性的问题情境,驱动学生生疑、认知,深层次理解反比例函数图像所承载的基础图形及数量关系,多角度、多层次直击函数图像本质问题,学会从数形结合的视角建立模型,通过添加辅助线来实现转化,经历必要的数学推理形成数学结论的发生过程,真正践行"自然、简单的解法源于更高的认知"的观点.

围绕教学的核心内容,精心设计数学问题,引发学生深度探究是发展学生核心素养的重要途径.本课例的探究活动着力启发,变"学数学"为"理解数学",加深了学生对函数自变量和应变量之间对应关系的理解,以及对函数研究思路的体会,为后续学生领悟函数的本质奠定了良好的基础,较好地达成了知识和方法的有机统一,发展了学生的思维能力,具有一定的示范和推广价值.

智能转化"有且只有" 深度思考 生成自然解法

《义务教育数学课程标准》(2011年版)指出,"注重结合具体的学习内容,设计有效的数学探究活动,使学生经历数学的发生发展过程,是学生积累数学活动经验的重要途径".教师在教学设计中应基于课标要求和教材内容,依据学情,因材施教,提供丰富的数学思维活动素材,帮助学生提升几何图形直观和合情推理能力.笔者尝试立足于帮助学生从函数观点、运动观点理解"有且只有"的数学含义,在系列探究活动中明白数学思维之道,优化解题之术,优化数学思维品质.

数学是一门严谨的学科,在语言表达上严格要求准确规范、准确传达意思.笔者尝试以数学语言"有且只有"为几何探究主线,以函数、方程等几何核心知识和性质为载体,结合抛物线问题背景,由点到线,由线及面,提炼共性,探求多题通解,尝试衍生变式问题,意在指向数学内涵与本质展开讨论.

1. 解读内涵,明确任务

初学几何时,学习了几个基本事实:"在平面上,过两点有且只有一条直线""在同一平面内,过一点有且只有一条直线与已知直线垂直"等."有且只有"是由"有一个"与"只有一个"复合而成的,其中"有一个"的说明对象是存在的,"只有一个"的说明对象是唯一的,所以"有且只有一个"的说明对象具有"存在性"和"唯一性".

数学语言"有且只有"的相关数学问题中蕴含了初中数学的核心知识,如函数、方程、距离与坐标的关系、直线与圆的位置关系等，同时以"有且只有"为问题情境的数学问题突出了对学生运算、图形直观判断、演绎推理等多种能力的考查.

笔者在九年级数学教学过程中，尝试以抛物线问题情境下的"有且只有"问题为数学思维的载体，结合二次函数、方程、相似三角形、圆等核心知识，引导学生思考以下问题：(1) 解决此类问题的难点是什么？关键是什么？(2) 解决问题时运用了哪些数学基本方法、基本概念和原理？(3) 此类问题如何变式推广？(4) 如何在正确理解各变量之间关系的基础上，建立合理的数学模型，从而解决问题？通过专题探究活动，深入抛物线及相关问题核心，优化学生数学理性思维品质.

2. 剖析方法，揭示本质

尝试在课堂教学中运用启发性教学原则，引入"形"的观察，给学生研究数学问题带来直观的空间感.引导学生体验数学方法对"有且只有"情境的解释，从细节入手，深刻领悟"有且只有"所要满足条件的内涵，挖掘有效的转化策略，自然、真实地展开数学发散思维，唤起发现、探究、创造的欲望.

问题 1　如图 1，抛物线 $y=k(x+1)(x-3k)$，$k>0$ 与 x 轴分别交于 A、B 两点，与 y 轴交于点 C，连接 BC，过点 A 作 $AE \parallel CB$ 交抛物线于点 E.若在直线 AE 上有且只有一点 Q，连接 OQ、BQ，使 $OQ \perp BQ$，求 k 的值.

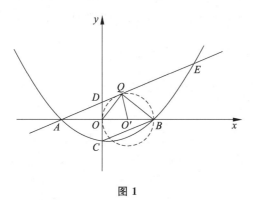

图 1

问题启智　(1) 如何由"有且只有一点 Q"联想几何模型，转化 $OQ \perp BQ$？(2) 如何从不同角度分析、联想，实现点坐标与线段长度之间的转化？(3) 如何捕获图形隐含的相似三角形，寻求图形运动过程中不变的数量关系？

解析　由题设知 $A(-1,0)$、$B(3k,0)$、$C(0,-3k^2)$.取 OB 的中点 O'，则

$O'\left(\dfrac{3}{2}k,0\right).$ 以 O' 为圆心、$\dfrac{1}{2}OB$ 为半径作 $\odot O'$. "有且只有一点 Q"转化为直线 AE 与 $\odot O'$ 相切的情况,由 $AE \parallel CB$,有 $\triangle AQO' \backsim \triangle BOC$,$\dfrac{QO'}{OC}=\dfrac{AO'}{BC}$,$QO'=\dfrac{3}{2}k$,$BC=3k\sqrt{k^2+1}$,$AO'=\dfrac{3}{2}k+1$,$OC=3k^2$,所以 $k=\dfrac{5}{12}.$

设计意图 将特定的数学语言"有且只有"转化在几何图形中,从"数形结合"的角度重新审视问题,在建立数学模型,类比转化的探究过程中,提升学生的自主归纳能力和数学语言的互译转化能力.

3. 理清关系,讲清道理

数学是思维的科学.对于问题的解法,只能由学生自己感悟.学生在仔细观察、思考中梳理相关知识点,由表及里,逐层深入,透过现象审视几何图形,剖析特殊点的对应数量关系,逐步弄清问题的关键所在,明晰解题思路.

拓展 如图 2,抛物线 $y=-x^2+2x+3$ 与 x 轴交于 A、B 两点,与 y 轴交于点 C,点 M 为抛物线的顶点,直线 $MD \perp x$ 轴于点 D,点 N 为线段 MD 上一个动点,以点 N 为顶点作等腰 $\triangle NAG$,$NA=NG$,点 G 落在直线 CM 上,若满足条件的点 G 有且只有一个,求点 N 的坐标.

问题启智 (1)如何构建辅助圆,如何类比转化问题?(2)"点 G 有且只有一个",如何在"形"的描述上直观刻画?(3)如何合理分类,避免漏解?

解析 "有且只有一个点 G"转化为作辅助圆 $\odot N$,以 NA 为半径,$\odot N$ 与直线 CM 相切.设 $N(1,t)$,则 $AN=\sqrt{4+t^2}$,$NG=\dfrac{\sqrt{2}}{2}MN=\dfrac{\sqrt{2}}{2}(4-t)$.依据 $AN=NG$,解出 $t=-4\pm 2\sqrt{6}$(其中 $t=-4-2\sqrt{6}$ 舍去),所以 $N(1,-4+2\sqrt{6})$.

如图 3,"有且只有一个点 G"还可以转化为以 AN 为半径作另一个辅助圆 $\odot N$.$Rt\triangle AGK$ 中,$NA=NG=NK$,而 A、N、K 三点在一直线上时,不能构成三角形,此时 $N(1,3)$、$K(3,6)$.

设计意图 把所讨论的点在辅助圆上进行数量和位置上的锁定,确保结果不漏解,由抽象到具体.直观的辅助圆可帮助学生充分感受特殊点之间的内在联系,提升学生的理解能力.

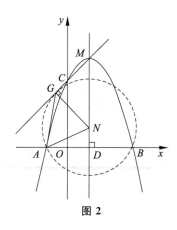

图 2

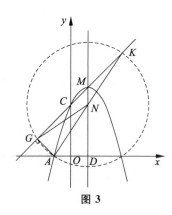

图 3

4. 类比迁移,拓展延伸

由特殊动点衍生特殊图形面积问题展开探究,深刻理解"有且只有"的特定含义,直观感知由量变到形变的内在规律,从而掌握如何确定量之间的关系特征,在形的"变化"中找到"不变"的特征量,以外显的寻求动点发展内含的数学思维,再把此问题类比拓展,把探究活动经验升华为分析问题和解决问题的能力.

问题 2 如图 4,已知二次函数 $y=-\dfrac{1}{4}x^2+\dfrac{3}{2}x+4$,点 P 为位于 x 轴上方的抛物线上的一个动点,连接 PA、PC.若所得 $\triangle APC$ 的面积为 S,问 S 取何值时,相应的点 P 有且只有两个?

问题启智 (1)如何把动点 P 的特殊位置直观转化为不等式的讨论区间? (2)如何理解动点 P"有且只有一个"与

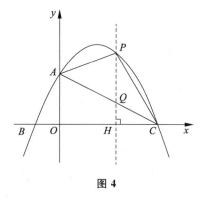

图 4

"有且只有两个"的区别? (3)如何设未知数,用数量关系描述图形面积的变化规律?

解析 设点 $P\left(t,-\dfrac{1}{4}t^2+\dfrac{3}{2}t+4\right)$.由题设知 $A(0,4)$、$C(8,0)$,则直线 AC 的解析式为 $y=-\dfrac{1}{2}x+4$,点 $Q\left(t,-\dfrac{1}{2}t+4\right)$.当 $0<t<8$ 时,$PQ=$

$-\dfrac{1}{4}t^2+2t$，$S_{\triangle APC}=\dfrac{1}{2}OC\cdot PQ=\dfrac{1}{2}\times 8\left(-\dfrac{1}{4}t^2+2t\right)=-(t-4)^2+16$，所以

$0<S_{\triangle APC}\leqslant 16$；当 $-2<t<0$ 时，$PQ=\dfrac{1}{4}t^2-2t$，$S_{\triangle APC}=\dfrac{1}{2}\times 8\left(\dfrac{1}{4}t^2-2t\right)=$

$(t-4)^2-16$，所以 $0<S_{\triangle APC}<20$．综上所述，当 $S=16$ 时，点 P 有且只有两个．

设计意图 类比探究抛物线背景下的特殊三角形的面积问题，在对比梳理中解有所悟，理解"有且只有两个动点 P"的一般转化思路，避免学生形成思维定式，加深学生对几何图形面积最值问题与一元二次方程等知识的深层理解，有效训练学生的思维敏捷性．

5. 启迪思维，探求规律

深入浅出，把抽象的问题具体化，把复杂的问题最大限度地简单化，这是数学教学的真谛．通过归纳、猜想、推理证明，引导学生感悟分类讨论、特殊与一般、化归等数学思想方法，挑战数学思维的深度和发散性，揭示问题的本质和规律，引导学生转换视角，学会灵活处理"有且只有"相关问题．

拓展 如图 5，抛物线 $y=\dfrac{1}{3}x^2-\dfrac{4}{3}x-\dfrac{5}{3}$ 与 x 轴交于点 A、B，与 y 轴交于点 C．若点 Q 是位于 x 轴下方的抛物线上的一个点，连接 QA、QC，记 $\triangle QCA$ 的面积为 S，请探索当 S 在何范围取值时，相应的点 Q 有且只有两个，并写出相应的 x 的取值范围．

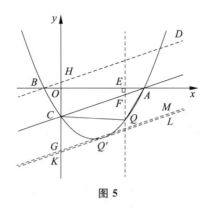

图 5

问题启智 （1）如何借助图形的直观性，突破难点，理解"有且只有两个动点 Q"？（2）如何联系数学最值问题构造几何模型，求解 $\triangle QCA$ 面积的最大值？（3）如何揭示此类面积最值问题的深层思维结构，梳理出一般解题

规律?

解析　过点 Q 作 $QE \perp x$ 轴于点 E，交直线 AC 于点 F。设 $Q\left(t, \frac{1}{3}t^2 - \frac{4}{3}t - \frac{5}{3}\right)$，$F\left(t, \frac{1}{3}t - \frac{5}{3}\right)$，则 $FQ = -\frac{1}{3}t^2 + \frac{5}{3}t$，$S_{\triangle QCA} = \frac{1}{2}OA \cdot FQ = -\frac{5}{6}t^2 + \frac{25}{6}t = -\frac{5}{6}\left(t - \frac{5}{2}\right)^2 + \frac{125}{24}$，当 $x = \frac{5}{2}$ 时，$S_{\max} = \frac{125}{24}$。过点 B 作 $BD \parallel CA$，直线 BD 的解析式为 $y = \frac{1}{3}x + \frac{1}{3}$，将直线 AC 向下平移 2 个单位，得直线 GM：$y = \frac{1}{3}x - \frac{11}{3}$。$x$ 轴下方的点 Q 在直线 BD 与 GM 之间有 3 个解，对应面积 S。当 $KL \parallel GM$，且 KL 与抛物线相切于点 Q' 时，x 轴下方的点 Q 在直线 GM 与 KL 之间（除切点 Q' 外）存在两个解，对应面积 S。联立

$$\begin{cases} y = \frac{1}{3}x - \frac{11}{3} \\ y = \frac{1}{3}x^2 - \frac{4}{3}x - \frac{5}{3} \end{cases}$$，解得 $x_1 = 2, x_2 = 3$。当 $x = \frac{5}{2}$ 时，KL 与抛物线相切于点 Q'，所以当 $2 \leqslant x \leqslant 3$ 且 $x \neq \frac{5}{2}$ 时，$5 \leqslant S \leqslant \frac{125}{24}$，相应的点 Q 有且只有两个。

设计意图　由直线与抛物线的交点衍生出分类讨论的特殊三角形面积问题，演绎了用函数思想解决相关问题"有且只有两个动点 Q"的策略，帮助学生深刻理解变化图形的内在特征，积累解题经验，洞察问题本质，学会建模，善于转化。

通过抛物线背景下动点问题的系列探究活动，帮助学生学会在直线与抛物线的交点上做文章，巧妙转化，发展学生的建模能力，帮助学生掌握借助函数图像使抽象的"有且只有"问题形象化、直观化，实现数学思维可视化、解题过程条理化，因此"数形结合"是解决此类问题的关键。

数学教学过程应重视学生有效的思维活动，探究活动设计必须有一个专题，有一个明确的学习目标。本例题设计了一个有价值的数学语言转化的探究活动，为学生提供了一个数学问题情境和可供学生进行有效活动的抛物线背景下的序列问题，并运用问题意识激发学生强烈的学习愿望。在探究抛物线问题中的特殊动点问题的变化规律过程中，帮助学生深刻、精准地理解"有且只有"的数学含义，训练学生的分析、综合、概括、判断、推理等初步逻辑思维能力由低级向高级逐步提升，提高数学教学设计的有效性，提升学生的数学素养。

"数形"关联 "旧曲"新唱 让深度学习能力自然生长

——以"二次函数图像与性质"的复习课为例

"激发自主探究,提升学习能力"是变革初中数学课堂学习方式的主要途径,通过创设探索性数学问题情境,培养和发展学生的数学思维能力,以问题探究为载体,遵循数学学习规律,加深理解,揭示数学知识本质.笔者以"二次函数图像与性质"的复习课为例,通过递进式的设问、变式拓展,以问题为思维导向,深入思考,意在帮助学生学会反思,感悟内涵,获得认知数学的方法.

1. 一题多变——问题驱动探究

教师可设计科学、合理的问题情境,拓展引申,辅以学法指导,对原题的提问方式进行改变,对原题的结论进行延伸和扩展,也可把习题的因果关系倒置,以"一题多变"为载体,引导学生进行有效探究,帮助学生积累经验,通过问题驱动来引导学生不自觉地获得"分析问题能力"和"解决问题能力".

问题 1 已知二次函数 $y=ax^2+bx+c$ $(a\neq 0)$ 图像的对称轴是直线 $x=1$,其图像的一部分如图 1 所示.

(1) 求证:$2c<3b$;

(2) 若抛物线与 x 轴交于点 $(-1,0)$,则 (1) 的结论仍成立吗?

(3) 若抛物线与 x 轴交于点 $(-1,0)$,与 y 轴的交点介于点 $(0,2)$ 与点 $(0,3)$ 之间,设顶点 $P(1,t)$,试求 t 的取值范围.

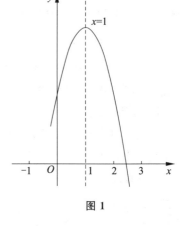

图 1

解析 (1) 对称轴 $x=-\dfrac{b}{2a}=1$,则 $a=-\dfrac{b}{2}$.当 $x=-1$ 时,$y=a-b+c<0$,有 $-\dfrac{3}{2}b+c<0$,即 $2c<3b$;

(2) 若 $x=-1$ 时有 $y=a-b+c=0$,则 $2c=3b$;

(3) 综合问题(2)有 $a=-\dfrac{1}{3}c,b=\dfrac{2}{3}c,t=a+b+c=\dfrac{4}{3}c$.又 $2<c<3$,所以 $\dfrac{8}{3}<t<4$.

设计意图　问题(1)(2)通过变化特殊点的坐标,揭示二次函数图像位置与系数 a、b、c 的数量关系之间的内在联系,加深学生对抛物线的轴对称性的理解.问题(3)把抛物线与 y 轴的交点问题转化为常数项 c 的变化区域进行讨论,再通过演算,推理出顶点 P 的纵坐标 t 的取值范围,问题设计流畅,环环相扣,较好地培养了学生的抽象意识和推理能力.

2. 多题归一——挖掘问题本质

在"多题归一"探究中培养问题意识,在问题意识中实现自主探究,循序渐进,开拓学生的数学思维,找到解决问题的通性通法,关注问题本质,把握内在规律,迁移解题方法,提高学习效率.

问题 2　如图 2,已知二次函数 $y=ax^2+bx+c(a\neq0)$ 图像的对称轴是直线 $x=1$,该抛物线与 x 轴交于 A、B 两点,与 y 轴交于点 C,顶点为 P.已知 $A(-1,0)$,$OB=OC$.若关于 x 的方程 $ax^2+bx+c=m$ 有实数根,求 m 的取值范围.

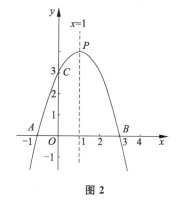

图 2

解析　如图 3,将问题 2 转化为讨论抛物线 $y=-x^2+2x+3$ 与直线 $y=m$ 的交点情况.当 $m=4$ 时,有唯一一个交点;当 $m\leq4$ 时,原方程有实数根.

设计意图　问题 2 把讨论关于 x 的方程实数根的情况转化为直线与抛物线的交点问题,由"数"联想到"形",再由"形"的特征求解"数"的范围,涉及构造法、转化思想、方程思想,问题的求解巧妙地把画图操作、观察发现、探究计算融合在一起,较好地增强了学生的实践能力,培养了学生的创新精神.

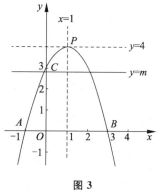

图 3

变式 1　若关于 x 的方程 $|-x^2+2x+3|=k(k\neq0)$ 有四个不相等的实数根,求 k 的取值范围.

解析　如图 4,把 $y=|-x^2+2x+3|$ 转化为 $y=\begin{cases}-x^2+2x+3 & (-1\leq x\leq3)\\ x^2-2x-3 & (x\leq-1\ \text{或}\ x\geq3)\end{cases}$,再分别讨论两支抛物线图像与直线 $y=$

k 的交点情况.当 $0<k<4$ 时,原方程有四个不相等的实数根.

变式 2 若关于 x 的方程 $-x^2+2|x|+3=n$ 有两个不相等的实数根,求 n 的取值范围.

解析 如图 5,把 $y=-x^2+2|x|+3$ 转化为 $y=\begin{cases} -x^2+2x+3 & (x\geqslant 0) \\ -x^2-2x+3 & (x\leqslant 0) \end{cases}$,再分别讨论两支抛物线图像与直线 $y=n$ 的交点情况.当 $n<3$ 时,原方程有两个不相等的实数根.

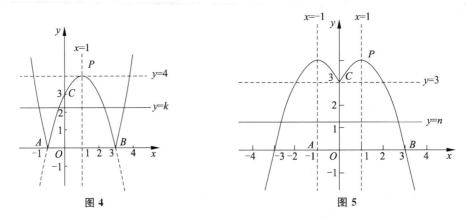

图 4   图 5

设计意图 在原抛物线模型的条件下,变化自变量 x 的绝对值条件,分类讨论,根据对称性画出抛物线的图像,问题显得"丰满",由"数"及"形",抛物线的对称轴由 x 轴到 y 轴变化位置,丰富了图形内涵,提升了思维层次.由问题 2 变式出的新问题合乎情理、合乎逻辑,数学思维训练变得精彩纷呈.

3. 强化模型——寻找问题突破口

初中数学课堂教学设计关注数学知识系统性的整体架构,通过对问题解决过程的反思,对典型问题进行"归类",建立数学模型;通过建模找到解决问题的关键点和突破口,并提炼出解决某类问题的方法,自动建构模型,有效迁移,达到"以题会类"的教学境界.

拓展 1 续问题 2,如图 6,在抛物线上找一点 Q,使 $\triangle BCQ$ 是以 BC 为直角边的直角三角形,试求出点 Q 的坐标.

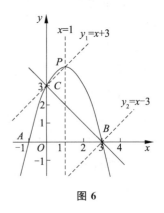

图 6

解析　如图 6,作垂直于直线 BC 的两条直线 $y_1 = x+3$,$y_2 = x-3$,把直线与抛物线的交点问题转化为求方程组的解:$\begin{cases} y = x+3 \\ y = -x^2+2x+3 \end{cases}$,$\begin{cases} y = x-3 \\ y = -x^2+2x+3 \end{cases}$,求出 $Q_1(1,4)$、$Q_2(-2,-5)$.

设计意图　设计探求特殊动点的坐标问题,引导学生整体认识图形特征,仔细分析动点 Q 显性或隐性的不变元素,构造方程模型求解几何图形的特殊点坐标,归纳总结,提炼方法.通法不仅可以帮助学生理解动点坐标的本质,而且可以优化思维过程,快速准确地解决问题.

变式 3　在抛物线的对称轴上找一点 G,使 $\triangle BCG$ 为直角三角形,试求出点 G 的坐标.

解析　如图 6,续上题解法有 $G_1(1,4)$、$G_2(1,-2)$.设 $G(1,t)$,当 $\angle CGB = 90°$ 时,$CG^2 + GB^2 = CB^2$,解出 $G_3\left(1, \dfrac{3+\sqrt{17}}{2}\right)$、$G_4\left(1, \dfrac{3-\sqrt{17}}{2}\right)$.

4. "生长"问题——唤醒问题生命力

剖析典型问题,寻找问题源,引导学生逐一回顾处理相关问题的知识源,分析知识源的典型特征,选取适当的问题源拓展延伸,帮助学生感悟"数学问题一般都是运用所学过的知识加以解决的"的转化思想,达成学习目标.

变式 4　如图 7,续问题 2,点 M 为 x 轴上的一点,若 $\angle PBC = \angle MCB$,试求点 M 的坐标.

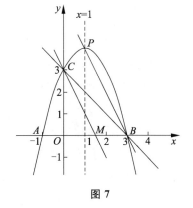

图 7

解析　求出直线 PB 的解析式:$y = -2x+6$,直线 $CM /\!/ PB$,又点 $C(0,3)$,求出直线 CM 的解析式:$y = -2x+3$,从而求得点 $M\left(\dfrac{3}{2}, 0\right)$.

设计意图　变式问题的本质是抛物线背景下几何图形的特征探究.二次函数相关问题的特征是数形结合的有效载体,函数模型是客观世界的重要模型,变式问题中直线 CM 的构造与求解的解析式是解决问题的突破口,也是数形结合的有效衔接环节,其探究思路如图 8 所示.

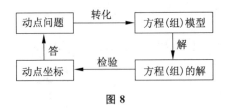

图 8

5. 能力立意——提升数学素养

在提升学生应用知识和技能解决问题的能力的同时,渗透情感体验和价值观的建构,教会学生观察、分析、抽象、概括、归纳、演绎、类比、推理,使其准确地阐述自己的思想和观点,拓展学生数学思维的宽度和深度,形成良好的数学思维品质.

拓展 2 续问题 2,如图 9,宽度为 1 的直尺平行于 y 轴,在点 B、C 之间平行移动,直尺的长边所在直线被直线 BC 和抛物线截为两条线段 EF、GH.设点 F 的横坐标为 $m(0 < m < 2)$,试比较线段 EF、GH 的长度.

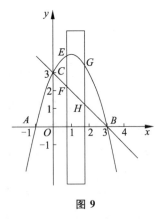

图 9

解析 由题设知 $F(m, -m+3)$,则 $E(m, -m^2+2m+3)$,可计算出 $EF = -m^2+3m$,同理可得 $GH = -m^2+m+2$,$EF - GH = 2(m-1)$. 当 $0 < m < 1$ 时,$EF < GH$;当 $m = 1$ 时,$EF = GH$;当 $1 < m < 2$ 时,$EF > GH$.

设计意图 由动点位置变化拓展到特殊线段长度的比较,透过现象看本质,类比探究,把线段长度转化为动点坐标,由问题导学,将学生的思维引向解决问题的方向,关注学生的持续生长,使学生经历的不仅是一个解答过程,更是一种研究问题的方法.

以变式拓展的问题串为探求线索,引导学生亲历问题情境,获得体验,积累经验.以动点、动直线与抛物线位置关系的变化为载体,问题设计强化了抛物线的对称性,强调用图意识.变式拓展问题呈现了学生数学思维的碰撞,动态问题的探究引导学生感悟本质,获得思维深刻性,使用数形结合成为自觉,从而提升学生逻辑推理、直观想象、数学运算等核心素养.

折纸寻法　道法自然

——"矩形纸片折叠"实验教学的思考

矩形纸片折叠问题综合了三角形和四边形的诸多知识,解法灵活,趣味性强.矩形纸片折叠题型为学生提供了一个动手实践操作、自主探究数学知识的发生发展过程的探究平台,培养了学生的创新精神和创造性思维能力,有效地改变了学生的数学学习方式.

矩形纸片折叠问题的解题思路是寻找折叠几何变换中蕴含的一条对称轴,找出轴对称图形,然后运用轴对称图形的两个性质:① 成轴对称的两个图形全等;② 对称轴垂直平分对称点的连线.在解决相关问题时,渗透转化、数形结合、几何翻折变换、方程等数学思想方法.

笔者以苏科版数学八年级(下)"轴对称"数学实验教学——矩形纸片折叠实验为例,谈一谈具体做法与实践心得.

1. 矩形纸片折叠图形的要素认识——掌握分析方法

矩形纸片折叠遵循由简到繁、由特殊到一般的原则.由于折叠前后图形的形状、大小不变,因此利用几何图形的轴对称性,抓住图形之间最本质的位置和数量关系,如将矩形边的平行关系转化为角的数量关系,或者利用折叠转化矩形中的直角来解决问题.引导学生在实验中逐步认识几何图形变换的本质,形成解决问题的经验.

实验操作 1　如图 1,把矩形纸片 $ABCD$ 沿 AC 折叠,点 B 落在点 E 处,AE 与 DC 的交点为 O,连接 DE,能得出什么结论?

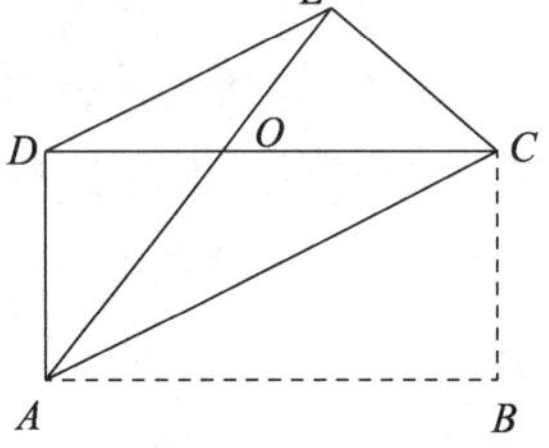

问题表征　(1)如何分类寻找相等的元素?矩形纸片折叠图形中包含哪几个几何基本图形?(2)四边形 $DACE$ 是等腰梯形吗? 为什么?

解析　分类探究图中边角基本元素,可以发现:(1) $BC=CE=AD$,$AB=AE=CD$,又 $DE=ED$,所以 $\triangle ADE \cong \triangle CED$.(2) $\angle EDC=\angle DEA$,又 $\angle OAC=\angle BAC=\angle DCA$,有 $\angle EDC=\angle DCA$,所以 $DE \parallel AC$,四边形 $DACE$ 为等腰梯形.

图 1

实验操作 2 准备一张矩形纸片 $ABCD$,按图 2 操作:将 $\triangle ABE$ 沿 BE 翻折,使点 A 落在对角线 BD 上(点 M),将 $\triangle CDF$ 沿 DF 翻折,使点 C 落在对角线 BD 上(点 N).(1)求证:四边形 $BFDE$ 是平行四边形;(2)若四边形 $BFDE$ 是菱形,$AB=2$,求菱形 $BFDE$ 的面积.

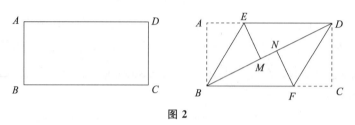

图 2

问题表征 (1)两条折痕 BE、DF 有什么关系?(2)折叠前后几何图形中哪些量(元素)保持不变?(3)联想几何基本图形,能否总结归纳出求解四边形 $BFDE$ 面积的一般规律?

解析 (1)如图 2,$\angle ABD=\angle CDB$,$\angle EBD=\angle FDB$,$EB /\!/ DF$,又 $ED /\!/ BF$,所以四边形 $BFDE$ 为平行四边形.(2)Rt$\triangle ABE$ 中,$\angle ABE=30°$,$AB=2$,所以 $AE=\dfrac{2}{3}\sqrt{3}$,$BF=BE=2AE=\dfrac{4}{3}\sqrt{3}$,$S_{菱形BFDE}=\dfrac{8}{3}\sqrt{3}$.

设计意图 以矩形纸片为载体,通过折痕变化深刻揭示折叠前后几何图形位置的关系,理解归纳推理的一般方法,帮助学生熟识轴对称变换中较常用的基本图形,教会学生善于从复杂的几何图形中分解出一些基本图形,把复杂图形简单化,然后类比转化基本经验,提炼出解 Rt$\triangle ABE$ 的最佳策略,形成清晰的解题思路.

2. 矩形纸片折叠后图形性质的研究——形成知识结构

理解矩形纸片折叠变化中折痕的动效,弄清楚折叠前后图形及数量上的对应关系,围绕折痕揭示出几何图形变换的问题本质,突出图形的形成过程,类比迁移解题思路,凸显研究图形的基本方法,产生新思路,帮助学生启迪思维,拓宽解题思路.

实验操作 3 对一张矩形纸片 $ABCD$ 进行折叠,具体操作如下:第一步,先对折,使 AD 与 BC 重合,得到折痕 MN,展开;第二步,再次折叠,使点 A 落在 MN 上的点 A' 处,并使折痕经过点 B,得到折痕 BE,同时得到线段 BA'、EA',展开如图 3;第三步,沿 EA' 所在的直线折叠,点 B 落在 AD 上的点 B' 处,得到折痕 EF,同时得到线段 $B'F$.展开图如图 4 所示.(1)求证:

$\angle ABE = 30°$;(2) 求证四边形 $BFB'E$ 为菱形.

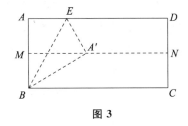

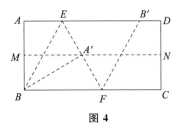

图 3   图 4

问题表征 (1) 折叠后点 A 的对称点 A' 一定落在 MN 上吗? 为什么? (2)探求△EBF 中 EF 与 BA' 的关系,能发现什么? (3)求证菱形 $BFB'E$ 有几种方法? 说明理由.

解析 (1) A' 是 EF 的中点,$\angle BA'E = \angle A = 90°$,$BA'$ 垂直平分 EF,有 $BE = BF$,$\angle EBA' = \angle FBA'$,又 $\angle ABE = \angle A'BE$,$\angle ABF = 90°$,所以 $\angle ABE = 30°$.(2) 如图 4,沿 EF 折叠,有 $BE = B'E$,$BF = B'F$,又 $BE = BF$,所以 $BE = B'E = B'F = BF$,即四边形 $BFB'E$ 为菱形.

设计意图 把矩形纸片折叠三次,数学思维训练沿知识台阶步步深入.有序引导学生逐步形成推理思路,在动手实践操作过程中,引导学生不满足于 $\angle ABE = 30°$ 和 $BFB'E$ 为菱形的具体实验结果,而是更加深入地研究纸片的折叠步骤即实验过程,探索知识和方法的发生过程,沿"作图"和"推理"两条主线展开探究,得到实验结论,领悟数学思想方法,帮助学生理解此类问题的模型化认知.

3. 矩形纸片折叠图形关系的研究——拓展思维空间

关注折叠纸片问题和解决策略之间的联系,增强学生用代数方法研究几何问题的意识,引导学生在实践操作中理解"对称性质"是解决这类问题的基本原理,"勾股定理"是解决矩形折叠问题的基本工具,"建立方程"是解决矩形折叠问题的基本手段.

实验操作 4 如图 5,在矩形纸片 $ABCD$ 中,$AB = 4$,$AD = 12$,将矩形纸片折叠,使点 C 落在 AD 上的点 M 处,折痕为 PE,此时 $PD = 3$.(1) 求 MP 的值; (2) 在 AB 边上有一个动点 F,且不与点 A、B 重合,当 AF 等于多少时,△MEF 的

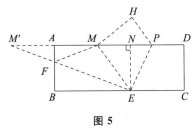

图 5

周长最小?（3）若点 G、Q 是 AB 边上的两个动点,且不与点 A、B 重合,GQ $=2$,当四边形 $MEQG$ 的周长最小时,求最小周长的值.(计算结果保留根号)

问题表征 （1）如何在纸片折叠问题中分解几何基本图形?（2）如何把最小值问题通过几何作图转化?（3）通过折叠纸片位置变化问题的研究,你能总结出哪些解题经验?

解析 （1）Rt$\triangle PHM$ 中,$PH=PD=3$,$MH=CD=4$,所以 $MP=5$.（2）作 $EN \perp AD$,与 AD 交于点 N.延长 MA 到 M',使 $AM'=AM$,连接 $M'E$,交 AB 于点 F.Rt$\triangle EMN$ 中,$MN=\sqrt{5^2-4^2}=3$,所以 $NM'=11$.由 $\triangle M'AF \backsim \triangle M'NE$,有 $\dfrac{M'A}{M'N}=\dfrac{AF}{EN}$,所以 $\dfrac{4}{11}=\dfrac{AF}{4}$,因此当 $AF=\dfrac{16}{11}$ 时,$\triangle MEF$ 的周长最小.（3）如图 6,取 $ER=2$,作 $EQ \parallel RG$,有 $\square GQER$,$MG+QE=GM'+GR=M'R$ 最小,Rt$\triangle M'RN$ 中,$NR=4-2=2$,$M'R=\sqrt{11^2+2^2}=5\sqrt{5}$,$ME=5$,$QG=2$,所以四边形 $MEQG$ 周长的最小值为 $7+5\sqrt{5}$.

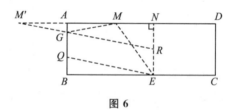

图 6

设计意图 “轴对称变换”是解决折叠矩形纸片问题的切入点.从等腰三角形性质、全等三角形、相似三角形的相关线段数量关系,到引入方程思想,进而转化为几何图形最值模型来解决问题,遵循“先易后难,先特殊后一般”的认知规律,引导学生实现由“基本模型认识”到“经验迁移”的过渡,经历从具体到抽象的过程,提升学生识别和应用轴对称基本图形的综合能力.

实验操作 5 如图 7,四边形 $ABCD$ 为矩形,点 C 在 x 轴上,点 A 在 y 轴上,点 D 为原点,点 B 的坐标为 $(3,4)$,矩形 $ABCD$ 沿直线 EF 折叠,点 A 落在 BC 边上的 G 处,点 E、F 分别在 AD、AB 上,且点 F 的坐标是 $(2,4)$.（1）求点 G 的坐标;（2）求直线 EF 的解析式;（3）点 N 在 x 轴

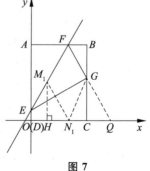

图 7

上,直线 EF 上是否存在点 M,使以 M、N、F、G 为顶点的四边形是平行四边形? 若存在,请直接写出 M 的坐标;若不存在,请说明理由.

问题表征 (1)矩形纸片折叠后形成 $\text{Rt}\triangle BFG$,求解 $\text{Rt}\triangle BFG$,发现了什么?(2)如何分类求解平行四边形顶点坐标 M?(3)归纳总结折叠问题的通用方法.解题方法在解决各个问题过程中有什么区别和联系?

解析 (1) $\text{Rt}\triangle BFG$ 中,$BG = \sqrt{3}$,$G(3, 4-\sqrt{3})$;(2) 求出 $E(0, 4-2\sqrt{3})$,又 $F(2, 4)$,所以直线 EF 的解析式为 $y = \sqrt{3}x + 4 - 2\sqrt{3}$;(3)当 FG 为平行四边形的边时,过点 M_1 作 $M_1H \perp x$ 轴于点 H,$M_1N_1 /\!/ FG$,$M_1N_1 = FG$,$\triangle M_1HN_1 \cong \triangle GBF$,所以 $M_1H = GB = \sqrt{3}$,$y_{M_1} = \sqrt{3}$,$x_{M_1} = 3 - \dfrac{4}{3}\sqrt{3}$,即 $M_1\left(3 - \dfrac{4}{3}\sqrt{3}, \sqrt{3}\right)$.同理可计算出 $M_2\left(1 - \dfrac{4}{3}\sqrt{3}, -\sqrt{3}\right)$.当 FG 为平行四边形的对角线时,计算出 $M_3\left(1 + \dfrac{4}{3}\sqrt{3}, 8 - \sqrt{3}\right)$.

设计意图 把矩形纸片折叠系列问题放置在平面直角坐标系中,设置问题展开深层次讨论,数学思维训练如鱼得水.本矩形纸片折叠问题主要考查平行四边形、矩形及一次函数的综合应用,分类讨论 FG 在所求平行四边形中的位置,根据几何图形特征类比求解是解决该问题的切入点.

在教学中,教师尝试创设适合学生动手"做"数学的良好材料与环境,充分发挥数学折纸等数学实验在数学学习与智慧发展等方面的积极作用.在矩形纸片折叠的动态变换过程中,通过折叠变化引起几何图形变化,运用轴对称知识了解几何图形变化前后的特征,运用数形结合、类比转化等方法使折叠问题直观化、具体化,通过寻求几何基本图形,建立几何模型,即可以将特殊位置的相关线段长度直观地表示出来,然后寻找相等的数量关系转化为方程求解,形成解决折叠纸片问题的一般方法和策略.

矩形纸片折叠的实验活动,不仅培养了学生在动手中思考、在思考中实验探究的好习惯,而且提升了学生的观察、分析、推理能力,与学生的动手实践、空间想象、数形结合等能力相结合.折纸实验探究设计问题由简单到复杂,由单一到综合,层次分明,梯度适度,让学生真正经历了"观察感知—操作体验—抽象归纳—应用提升"的探索过程,这样的认知过程既符合《义务教育数学课程标准》(2011 年版)提出的新理念和新要求,又深刻揭示了数学知识之间的内在联系,是"初中数学思考"理念的有效体现,对于提高学生的数学素养、增强实践创新能力大有裨益.

有效整合,建模探究,从无序走向精彩
——基于变式教学理念的初中几何课例的实践与思考

初中数学变式教学的重点是培养学生的数学理解能力,变式教学围绕相同的数学知识变换问题的条件与结论,通过一题多变、一法多用、一题多解等学习模式,引导学生在探究体验的解题过程中,顿悟其内在的数学规律,从而揭示数学本质,帮助学生完整、透彻地理解数学知识,形成良好的认知结构,达到事半功倍的学习效果.笔者以苏科版数学九年级"圆"的复习课为例,尝试通过变式教学整合一类问题的学习资源,立足学生能力的发展本位设计变式问题,挖掘其教学价值.

1. 模型先行,提出问题

挖掘一类问题内隐的本质是实施变式教学的根本任务,变式教学设计的目的在于突破难点,凸显知识的本质规律.学习了苏科版数学九年级(下)"圆"的内容后,提出以下问题:

问题 如图1,⊙O中,弦 BA、DC 的延长线相交于点 P,分别连接 AC、BD、BC、AD,找出图中相似的三角形.

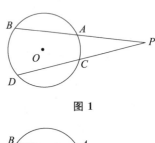

图 1

解析 如图2,$\triangle BCP \backsim \triangle DAP$,$\triangle PAC \backsim \triangle PDB$,$\triangle BGA \backsim \triangle DGC$,$\triangle BGD \backsim \triangle AGC$.

设计的问题蕴藏着丰富的数学模型,探究活动从此图形中的四对相似三角形入手,思辨认知起点低,切入口小.图2中蕴含了丰富的内涵与意义,即⊙O内接四边形 $ABCD$ 的形状变化是系列问题探究发展的主线,为学生的思维活动提

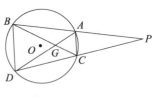

图 2

供了一个探究平台,设计探究⊙O内接四边形 $ABCD$ 相关线段位置关系和线段长度、相关线段与⊙O半径的数量关系是实施变式教学的支点,在拓展学生思维的同时,突出相关知识的本质,帮助学生主动构建圆内接四边形的知识体系,提升数学素养.

2.明晰目标,启迪思维

以上述问题为几何模型,变化条件,提炼出最具教学价值的核心内容,生长图形变式问题,把圆周角、等腰三角形等特殊图形的相关性质作为思维起点,转化到寻求相似三角形所对应的角、边之间的数量关系,深挖基本图形的模型功能,再比较图形、类比方法、迁移问题.

变式 1　如图 3,⊙O 中,弦 BA、DC 的延长线相交于点 P,$DA=AP$,求证:$BC=PC$.

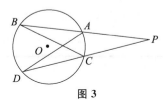

图 3

解析　$\angle B=\angle D=\angle P$,有 $BC=PC$.

变式 2　如图 4,⊙O 中,弦 BA、DC 的延长线相交于点 P,若 AD 经过圆心 O,且 $DC=CP$,求证:$BC=DC$.

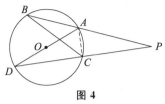

图 4

解析　连接 AC,则 AC 垂直平分 DP,所以 $AD=AP$,所以 $\angle D=\angle P$.由 $\angle B=\angle D=\angle P$,有 $BC=PC$.又 $DC=CP$,所以 $BC=DC$.

变式 3　如图 5,⊙O 中,弦 BA、DC 的延长线相交于点 P,若 $BD=BC$,求证:$BD^2=BA\cdot BP$.

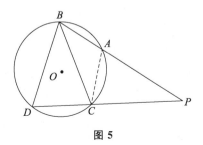

图 5

解析　连接 AC,$\angle D+\angle BAC=180°$,$\angle BCD+\angle BCP=180°$,又 $\angle D=\angle BCD$,所以 $\angle BCP=\angle BAC$,有 $\triangle BCA\backsim\triangle BPC$,所以 $\dfrac{BC}{BP}=\dfrac{BA}{BC}$,即 $BC^2=BA\cdot BP$,又 $BC=BD$,所以 $BD^2=BA\cdot BP$.

变式 1 问题导向由简单直观型知识结构向拓展抽象型知识结构延伸,变式 2 和变式 3 以变式 1 为基础,图形变化而方法不变,实现了原有知识、经验基础上的主动建构,有效迁移应用到新情境的过程逐渐完善了学生的数学知识体系.

3. 有序递进,内化提升

一个主题立足一类问题,变化图形结构,发散数学思维,教学设计力求以少换多、以少求高,让数学思维更加高阶;通过变化圆内接四边形的位置,由特殊的位置变化引发相关线段数量关系的求解的深度思考,以少博深,拟达成对数学知识的深度理解.

变式 4 如图6,⊙O 中,AD 为⊙O 的直径,$AD=AP$,弦 BA、DC 的延长线相交于点 P.(1) 求证:$BC=CP$;(2) 若 $BC=3$,$DC-AC=2$,求⊙O 的半径;(3) 在(2)条件下,求弦 AB 长.

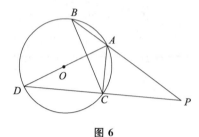

图 6

解析 (1) 由 $AD=AP$,有 $\angle D=\angle P$,又 $\angle B=\angle D$,所以 $\angle B=\angle P$,$BC=CP$.(2) $BC=DC=CP=3$,$AC=DC-2=1$.Rt$\triangle ADC$ 中,$AD=\sqrt{AC^2+DC^2}=\sqrt{10}$,⊙$O$ 的半径为 $\frac{1}{2}AD=\frac{1}{2}\sqrt{10}$.(3) 由 $\triangle PBC \backsim \triangle PDA$,有 $\frac{PB}{PD}=\frac{PC}{PA}$,$\frac{PB}{6}=\frac{3}{\sqrt{10}}$,$PB=\frac{9}{5}\sqrt{10}$,所以 $AB=PB-AP=\frac{4}{5}\sqrt{10}$.

变式 5 如图7,⊙O 中,弦 BA、DC 的延长线相交于点 P,AP 平分 $\angle EAC$.(1) 求证:$\angle BDC=\angle BCD$;(2) 若 $BA \cdot BP=12$,AD 是⊙O 的直径,$BA=2$,求 CP 长.

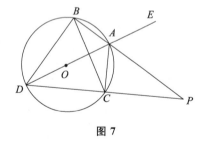

图 7

解析 (1) 易证 $\angle BDC=\angle BCD$.
(2) $\triangle ABD \backsim \triangle DBP$,$BD^2=BA \cdot BP=12$,所以 $BD=2\sqrt{3}$.Rt$\triangle BDA$ 中,$AD=\sqrt{BD^2+BA^2}=\sqrt{(2\sqrt{3})^2+2^2}=4$.Rt$\triangle DBP$ 中,$PD=\sqrt{BD^2+BP^2}=4\sqrt{3}$.再证 Rt$\triangle PAC \backsim$ Rt$\triangle PDB$,所以 $\frac{PA}{PD}=\frac{PC}{PB}$,有 $\frac{4}{4\sqrt{3}}=\frac{PC}{6}$,可得 $PC=2\sqrt{3}$.

变式问题旨在潜移默化地解决一类问题中的优化学习策略,而不是急于求成,通过设计有序的由浅入深的问题串,循序渐进,数学思维训练拾级而上.变式4和变式5富有层次性和可操作性,引导学生联系⊙O 的直径与相关线段的数量与位置关系,把分散的条件集中到特殊的直角三角形中,再通过三角形相似的性质求解问题,以已建立的几何模型为台阶,一步一个脚印,合情合理地提升学生的变式思辨能力,用批判性的眼光去审视图形的内在变化,真正理解基本图形的模型功能.

4. 逻辑推理,深层理解

变式问题的目的在于通过设计"核心问题"辨析图形特征,拓展几何模型,帮助学生深刻理解知识的内在逻辑.设计"核心问题"的意义就是问题引领或问题驱动,用"核心问题"博得学生深层次思考,继续变式问题由探究特殊线段的数量关系过渡到寻找特殊角的数量关系,迁移方法,形成策略.

变式 6　如图 8,⊙O 中,弦 BA、DC 的延长线相交于点 P.

(1) $\angle DEC = \angle DPB$,求证 $\angle DBA = \angle DCA$;

(2) 若 $\angle DEC = \alpha$,$\angle DPB = \beta$,且 $\alpha \neq \beta$,试用 α、β 表示 $\angle D$ 的大小;

(3) 若 $\angle DEC = \angle DPB = 42°$,求 $\angle D$ 的度数.

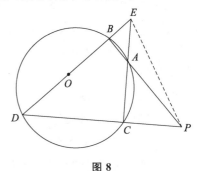

图 8

解析　(1) $\triangle ABE \backsim \triangle ACP$,$\angle ABE = \angle ACP$,所以 $\angle ABD = \angle ACD$.
(2) 连接 EP,$\triangle EDP$ 中,$\angle D + \angle CEP + \angle BPE + \alpha + \beta = 180°$,证 $\angle CEP + \angle BPE = \angle BAE = \angle D$,所以 $2\angle D + (\alpha + \beta) = 180°$,则 $\angle D = 90° - \frac{1}{2}(\alpha + \beta)$.(3) 当 $\alpha = \beta = 42°$时,$\angle D = 48°$.

在学生已有的认知基础之上,以整体关联为突破口,将变式问题中的知识结构转化成学生的认知结构,以"数学核心问题"促进学生结构化思维的发展.变式 6 引导学生进行多角度的探究与思考,培养学生多向思维,更深层次地理解问题表征,从特殊情形到一般情形,探究 α、β 与 $\angle D$ 的数量关系,合理转化为"三角形内角和等于 $180°$"的性质,变换问题中非本质的特点,引导学生从不同的角度加深对基本模型的认识.

实施变式教学的重要原则是变式的合理性,不是单纯地变式问题中的条件和结论,不是让学生在重复训练中掌握知识,而是通过多样性的、具有思维深度的变式训练获得数学的一般研究方法,获得"透过表面想本质"的高阶思维能力,用"数学核心问题"引导学生在辨析、反思中认清变化的图形背后不变的几何模型,从不变的本质中探求出变化的规律,从而优化学习策略,真正提高学习效率.

基于深度学习视角的初中数学复习课设计

——以苏科版数学七年级(上)复习课为例

"学而时习之",复习课在数学教学活动中具有重要的地位,通过"双基"知识和基本技能的系统复习,帮助学生在记忆的基础上加深对知识的深层理解,使感性认识上升到理性认识的高度."温故而知新",初中数学复习课的境界在于促进学生把知识条理化、系统化,提升处理数学信息的能力.笔者以苏科版数学七年级(上)学习内容为例,以复习知识点"代数式""一元一次方程"为线索,尝试通过问题的再研究,引导学生在自主探究中完善数学知识的建构,培养学生主动解决问题的意识,促进学生形成数学逻辑思维.

1. 找规律,点拨方法

求解几何图形的面积,引导学生透过问题的表象,抓住几何图形的特征,进行变式、拓展训练,引导学生理解数学等价变换的含义,从分割和整体的视角研究图形的面积,理解几何图形的变化规律.

问题 1 如图1,有 A、B、C、D 四种图案的地砖,要求灰、白两种颜色的面积大致相同,那么最符合要求的是(　　).

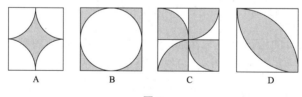

图 1

拓展 1 长方形窗户上的装饰物如图 2 所示,它是由半径均为 b 的两个四分之一圆组成的,则能射进阳光部分的面积是＿＿＿＿＿＿＿＿.

拓展 2 如图3,长方形图案长为 b,宽为 a,用代数式表示图中阴影部分的面积 S.

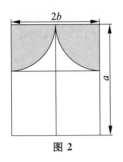

图 2

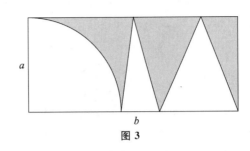

图 3

解析　问题 1 选 D,若设该正方形的边长为 a,则 $S_{阴影}=\dfrac{\pi}{2}a^2-a^2$. 拓展 1,

所求面积为 $2ab-\dfrac{1}{2}\pi b^2$. 拓展 2,$S=ab-\dfrac{1}{4}\pi a^2-\dfrac{1}{2}(b-a)a=\dfrac{1}{2}ab+\dfrac{1}{2}a^2-$

$\dfrac{1}{4}\pi a^2$.

在学生原有的认知水平和已有的经验基础上,组织学生辨析几何图形面积求解方法,抓住典型,择其四分之一圆形与三角形、矩形重组图形的结构要点,精练精析,梳理出一般方法.

将这些面积求解方法以简约的、学生易于理解的方式继续融入系列探究活动之中,引导学生获得强烈的深度体验,促成图形面积、周长等知识与学生经验的相互转化提升.

问题 2　如图 4,长为 50 cm、宽为 x cm 的大长方形被分割为 8 小块,除阴影 A、B 外,其余 6 块是形状和大小完全相同的小长方形,其较短的一边长为 a cm.

（1）从图中可知,每个小长方形较长的一边长为＿＿＿＿＿＿＿ cm;（用含 a 的代数式表示）

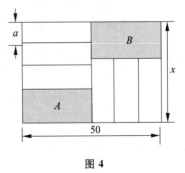

图 4

（2）求图中两块阴影 A、B 的周长和.（可以用含 x 的代数式表示）

拓展 1　续问题 2 条件,试用含 a、x 的代数式表示两块阴影 A、B 的面积和.

拓展 2　续问题 2 条件,如果图中两块阴影 A、B 的面积相等,能发现什么?

解析 问题2,每个小长方形较长的一边为$(50-3a)$cm,图中阴影A、B的周长和为$2\times50+2\{(x-3a)+[x-(50-3a)]\}=4x$.拓展1,阴影$A$、$B$的面积和为$(50-3a)(x-3a)+3a[x-(50-3a)]=18a^2+50x-300a$.拓展2,根据题意有$(50-3a)(x-3a)=3a[x-(50-3a)]$,可求出$a=\dfrac{25}{3}$.

设计具有挑战性的新问题环境,以问题为切入点,调整和优化变式问题,达到"以问促教、以探促学"的深度学习目的.

变式 如图5,在长方形$ABCD$中放入6个形状和大小都相同的小长方形,已知小长方形的长为a,宽为b,且$a>b$.

(1)用含a、b的代数式表示长方形$ABCD$的长AD、宽AB;

(2)用含a、b的代数式表示阴影部分的面积.

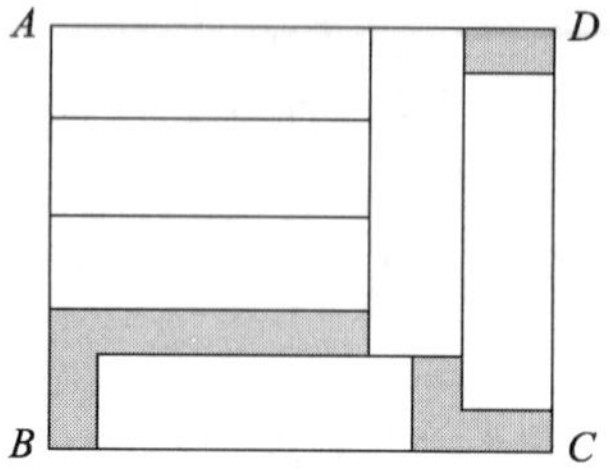

图 5

解析 (1)$AD=a+2b$,$AB=a+b$;

(2)$S_{阴影}=(a+2b)(a+b)-6ab=a^2-3ab+2b^2$.

设计题组变式训练,数学思维训练由回忆发散到有序提升,展示学生的数学思维训练爬坡过程,积累几何图形等面积变换的方法,再现、整理、归纳、深化对几何恒等变形的理解.

2. 通策略,迁移方法

把一元一次方程的解作为探究的切入点,引导学生对方法知识进行关联性的思考,将新旧知识进行连接和综合运用,提升学生对解含有字母参数的一元一次方程的把握能力.设计变式问题挖掘数学中的深层次思维,寻找出灵活的解题思路.

问题3 已知关于x的方程$\dfrac{x-m}{2}=x+\dfrac{m}{3}$与关于$y$的方程$\dfrac{y+1}{2}=3y-2$的解互为倒数,求$m$的值.

解析 解方程$\dfrac{y+1}{2}=3y-2$得$y=1$,将y的倒数1代入方程$\dfrac{x-m}{2}=x+\dfrac{m}{3}$中,所以$m=-\dfrac{3}{5}$.

帮助学生在脑海中树立方程意识,有效掌握解方程的一般方法,为方程知识学习和探究奠定良好基础,设计变式问题链渗透数学深度学习特征,进而营造数学深度学习课堂引导学生进行深度学习,提高学生的数学素养.

变式 1　已知关于 x 的方程 $\dfrac{x-m}{2}=x+\dfrac{m}{3}$ 的解是方程 $\dfrac{y+1}{2}=3y-2$ 的解的 2 倍,求 m 的值.

变式 2　已知关于 x 的方程 $\dfrac{x-m}{2}=x+\dfrac{m}{3}$ 与方程 $\dfrac{y+1}{2}=3y-2$ 的解的绝对值相同,求 m 的值.

变式 3　已知关于 x 的方程 $\dfrac{x-m}{2}=x-\dfrac{m^2}{3}$ 与方程 $\dfrac{y+1}{2}=3y-2$ 的解互为倒数,求 $m^2-\dfrac{3}{2}m$ 的值.

解析　变式 1,$x=2$,有 $m=-\dfrac{6}{5}$.变式 2,$x=\pm1$,有 $m=\pm\dfrac{3}{5}$.变式 3,计算得 $2m^2-3m=3$,有 $m^2-\dfrac{3}{2}m=\dfrac{3}{2}$.

理解方程解的内涵,将方程的解、代数式的值等知识整合在一起,及时查漏补缺,温故知新,建立直属认知和理解,最大限度地发挥问题 3 的启智作用,优化和综合方程的知识体系.

3. 提能力,总结规律

研究数轴上动点问题中坐标的求法,揭示典型问题的通法,设计一题多变,数学思维训练由浅入深,步步推进,通过列方程打通学生化动为静的思维发散节点,讲一题、会一类、通一片,真正达到举一反三、触类旁通的学习效果.

问题 4　如图 6,已知数轴上有 A、B、C 三个点,它们表示的数分别是 -24、-10、10.将 A、B 两点之间的距离记为 AB.

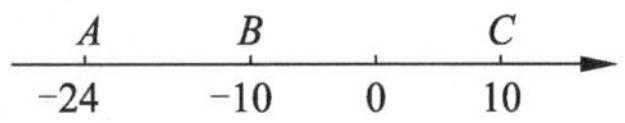

图 6

(1) 填空:$AB=$_____,$BC=$_____.

(2) 若点 A 以每秒 1 个单位长度的速度向左运动,同时,点 B 和点 C 分别以每秒 3 个单位长度和 7 个单位长度的速度向右运动.设运动时间为 t,用含 t 的代数式表示 BC 和 AB 的长,试探索 $BC-AB$ 的值是否随着时间 t 的变化而改变? 请说明理由.

(3) 现有动点 P、Q 都从点 A 出发,点 P 以每秒 1 个单位长度的速度向

终点 C 移动;当点 P 移动到点 B 时,点 Q 才从点 A 出发,并以每秒 3 个单位长度的速度向右移动,且当点 P 到达点 C 时,点 Q 就停止移动.设点 P 移动的时间为 t 秒,问:当 t 为多少时,P、Q 两点相距 6 个单位长度?

解析 (1) $AB = 14$,$BC = 20$;(2) $BC - AB = (20 + 4t) - (14 + 4t) = 6$;(3) 当 $0 < t < 14$ 时,$t = 6$;当 $t \geqslant 14$ 时,$|(-24 + t) - [-24 + 3(t - 14)]| = 6$,所以 $t_1 = 24$,$t_2 = 18$.

在动态问题中迁移运用,设计"相同情境下的变式训练"使知识转化为技能,数缺形时少直观,画出图形,用方程的符号语言刻画等量关系,有效建构复杂的认知结构.

变式 1 续问题 4(2)条件,t 为何值时,$AB = \frac{3}{7} AC$?

变式 2 续问题 4(2)条件,在 A、B、C 三点运动过程中,若点 M 为线段 AB 的中点,点 N 为线段 BC 的中点,t 为何值时,$MN = 25$?

变式 3 如图 7,续问题 4 条件,现有动点 P、Q 都从点 A 出发,点 P 以每秒 1 个单位长度的速度沿数轴正方向移动,若点 P 到达点 B 停

图 7

留 5 秒后以每秒 5 个单位长度的速度沿数轴正方向移动,同时点 Q 以每秒 3 个单位长度的速度沿数轴正方向移动,问:当 t 为何值时,P、Q 两点相距 20 个单位长度?

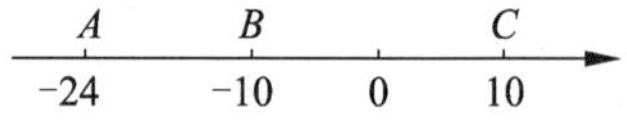

解析 变式 1,$\frac{AB}{BC} = \frac{3}{4}$,即 $4(14 + 4t) = 3(20 + 4t)$,所以 $t = 1$.变式 2,$MN = \frac{1}{2} AC = \frac{1}{2} [(14 + 4t) + (20 + 4t)] = 25$,所以 $t = 2$.变式 3,当 $t > 19$ 时,$|-10 + 5(t - 19) - (-24 + 3t)| = 20$,所以 $t_1 = \frac{101}{2}$,$t_2 = \frac{61}{2}$.

通过数轴上动点问题的探究,把动态问题转化为方程问题,寻找等量关系,列出一元一次方程,使学生亲身经历梳理知识、建构知识的深度思考过程,揭示出动点对应坐标变化的内涵与本质,做到有章可循,少走弯路,真正实现对所学知识的认识,实现由"量"到"质"的飞跃.

数学复习课不是单纯的知识的复述和题目的机械训练,而是通过设计好问题激发学生思辨的冲动和进一步提出问题、猜想并进行验证的欲望,通过深度再思考让学生加深对原有知识的理解,使学生掌握的知识更具系统性和

层次性.

"万变不离其宗"寓意通过复习达到深度学习的有效迁移，真正实现数学知识的连续建构，避免题海战术，让学生以最经济的时间获得最大的收获，由低阶思维走向高阶思维，优化学生的认知结构，开阔视野，提升数学素养.

基于深度学习的"情境－模型"双向建构的教学实践思考
——以"用锐角三角函数解决问题"为例

"情境－模型"双向建构以一种新视角研究初中数学教与学，它包括两层含义：一是从"情境"向"模型"建构，从数学情境中抽象出数学模型进行研究；二是由"模型"到"情境"运用，指用数学模型诠释一个或多个数学情境，从而加深学习主体对于数学模型的实质性理解.基于初中数学"情境－模型"双向建构的教学设计呈体验性特征，教学方法更加灵活性，通过双向建构把知识与原有认知结构进行有效整合，从而实现知识的迁移，拓展思维模式，提升解决问题的能力.下面以苏科版数学九年级复习课"用锐角三角函数解决问题"为例，阐述笔者的理解.

1. 解读教材

1.1　研究背景

本课例是学生运用三角函数知识解决问题的专题复习课.教学设计的目的在于引导学生在合作与交流中提炼出由特殊的三角板组成的几何模型，并运用模型的特征结合翻折、旋转等手段有效解决问题，本课例尝试以深度学习理论为基础，构建一种优化的学习方法.

1.2　学情分析

学生学习了"锐角三角函数"一章，在理解直角三角形中锐角三角函数概念的基础上，掌握了特殊的含 $30°$ 或 $45°$ 角的直角三角形的边角关系，初步掌握了把实际问题转化为数学问题，即构造直角三角形，转化为解直角三角形的相关问题，初步感悟了数形结合、转化和建模等数学思想方法.

2. 从"情境"到"模型"，抽象特征

对具有相同或相似数学情境的问题进行抽象，揭示出几何图形变换的内在本质特征，深刻领悟数学模型思想，理解提炼模型的优点在于认识变化的图形万变不离其宗.

2.1 实践操作,提炼归纳

实验器材:两个直角三角形纸片各 8 个、剪刀、固体胶、大粘板纸.

如图 1,Rt$\triangle ABC$,$\angle C=90^\circ$,$\angle A=30^\circ$.如图 2,Rt$\triangle DEF$,$\angle F=90^\circ$,$\angle D=45^\circ$,满足 $BC=DF=EF$.

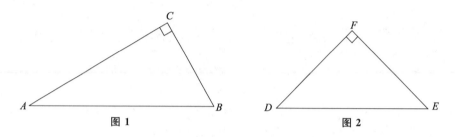

图 1　　　　　　　　　　　　图 2

实验活动 1 将图 1 中的三角形沿着过点 C 的直线折叠,折叠后的折痕与线段 AB 相交于点 D、E(如图 3、图 4).若 $BC=1$,你可以求出哪些线段的长度及哪些角的度数?

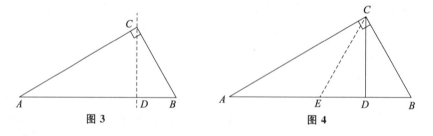

图 3　　　　　　　　　　　　图 4

实验活动 2 用两张三角形纸片拼接三角形.

操作:将图 3 中的纸片沿着 CD 剪下,得到图 5、图 6.若用与图 2 形状相同的三角形纸片与图 5、图 6 中的一张重新拼接,能拼成一个新的三角形,对图 2 的三角形有怎样的要求?

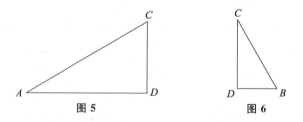

图 5　　　　　　图 6

2.2 展示结果,理解模型

通过"情境-模型"的研究,引导学生从常见的拼接、平移变换中抽象出

6 个常见的数学模型.如图 7,通过 6 个典型的数学模型引导学生深刻理解解直角三角形问题的本质,6 个基本模型形异质同,都是利用特殊角的三角函数解决未知的角度和边的长度问题.

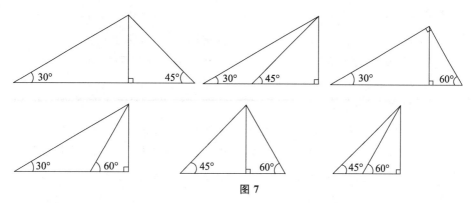

图 7

实验设计的目的在于引导学生从实际问题中建立数学模型,在实际背景下理解含特殊角的直角三角形基本的数量关系和变化规律,把培养学生的建模意识作为教学重点.

2.3　深入思考,挖掘本质

在实验操作过程中引导学生深入研究模型的特征内涵,鼓励学生深入思考,理解几何模型的"共同特征"不是"本质属性",立足从数与形的视角提出新问题,诠释模型的结构,深入思考"模型思想"究竟是什么,如何用几何语言准确表述.

问题 1　选择其中一个几何模型,如图 8,$\angle ACD = 90°$,$\angle ABC = 60°$,$\angle ADC = 45°$.

思考　(1)回忆实验步骤,讲述新模型的由来.

(2)从模型中能否发现组合成的新的几何图形?

(3)如何解读这个新的几何图形?求解未知角、未知边的切入口是什么?

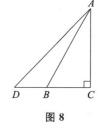

图 8

(4)以此模型为例,数学建模的基本思想和基本步骤是什么?

(5)数学建模的优点是什么?

解析　引导学生重点剖析新图形 $\triangle ADB$ 的结构特征,归纳这个基本图形中隐含的边、角关系的一般处理方法.从 $\mathrm{Rt}\triangle ABC$ 的特征入手,先设 $BC = a$,则 $AB = 2a$,$DC = AC = \sqrt{3}\,a$,$DB = (\sqrt{3} - 1)a$,$AD = \sqrt{6}\,a$,$\angle DAB =$

$\angle ABC - \angle D = 15°$. 强化模型的解释理解过程, 总结出线段 BC、AC、AD、CD、DB 中只要已知一条线段的长度, 都可求出其他各条线段的长度.

引导学生再尝试过点 B 作线段 AD 的垂线段 BE, 又能发现什么? 总结比较 6 个模型的求解思考过程, 交流探讨遇到了哪些困难, 归纳处理钝角 $\triangle ADB$ 模型的一般方法, 不同模型也可解决同一问题. 设计的问题引导学生从已有的活动经验出发, 亲历将实际问题抽象成数学模型并进行解释与应用, 从而在思维能力、情感态度与价值观等方面得到进步和发展.

3. 从"模型"到"情境", 领悟思想

一类问题的解决, 实际上是从数学模型、模型思想的角度研究初中数学问题的情境, 是对现实问题情境的信息提炼、分析、归纳、升华的深度学习过程, 有利于学生正确理解数学模型, 把数学模型运用到新的问题情境中, 帮助学生形成良好的数学思维习惯和应用数学的意识, 真正理解同一模型可以解决不同问题, 深层次明晰数学模型的本质特征和应用的广泛性.

3.1 迁移拓展, 灵活应用

在旋转变换等错综复杂的问题情境中引入数学模型, 找出内在的规律和联系, 然后用数学符号严谨地推理和表述面积.

问题 2 如图 9, 有一副三角板. 在 $\triangle ABC$ 中, $\angle C = 90°$, $\angle A = 60°$, $\angle B = 30°$; 在 $\triangle A_1B_1C_1$ 中, $\angle C_1 = 90°$, $\angle B_1A_1C_1 = 45°$, $\angle B_1 = 45°$, $A_1B_1 = CB$. 将边 A_1C_1 与边 AC 重合, 其中点 A_1 与点 C 重合. 将三角板 $A_1B_1C_1$ 绕点 $C(A_1)$ 按逆时针方向旋转, 旋转过的角为 α, 旋转过程中边 A_1C_1 与边 AB 的交点为 M. 设 $AC = a$, 两块三角板重叠部分的面积为 S. 当 $\alpha = 30°$, $\alpha = 45°$, $\alpha = 60°$ 时, 分别能发现什么? 请写出结论, 说明理由.

解析 当 $\alpha = 30°$ 时, $S = \dfrac{3}{8}a^2$. 当 $\alpha = 45°$ 时, 如图 10, 解 $\triangle MBC$, 寻求基本

模型求解方法, $BC = \sqrt{3}a$. 过点 M 作 $MH \perp BC$ 于点 H, 解出 $MH = \dfrac{3-\sqrt{3}}{2}a$,

所以 $S_{\triangle BMC} = \dfrac{3}{4}(\sqrt{3}-1)a^2$. 当 $\alpha = 60°$ 时, 如图 11, $S_{\text{四边形}A_1MNQ} = S_{\triangle A_1C_1Q} -$

$S_{\triangle MC_1N} = \dfrac{3\sqrt{2}-2\sqrt{3}}{2}a^2$.

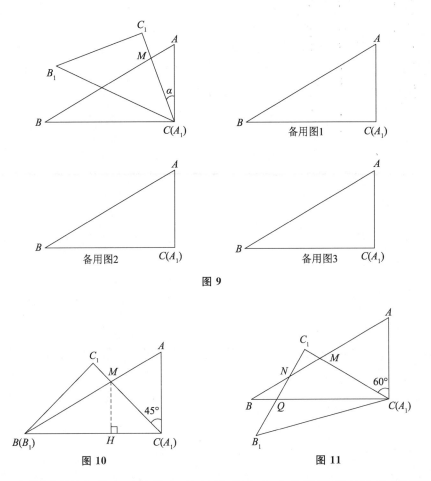

图 9

图 10　　　　　　　图 11

变换图形的目的在于从抽象到直观，组合多个几何模型审视复杂图形，使学生体验从问题情境到数学模型，再由数学模型解决旋转问题的建构过程，同时检验所得结论是否合理，重建或修改数学模型，完善深化学生的认知结构，建立"情境－模型"的双向建构思维.

3.2　活学活用，举一反三

从"模型"到"情境"的建构需关注建构的灵活性、推理的严谨性，要在理解模型的数学特征的基础上去辨认和建构.因为每一个数学模型都有较多相对应的问题情境，所以从"模型"到"情境"的建构具有多样性.学生通过问题引领和深入思考，寻找出隐藏在数学问题背后的模型，体验建构过程的高阶思维，数学素养得以提升.

问题 3　如图 12，在 $\triangle ABC$ 中，$AB = AC$，$\angle BAC = 120°$，点 P 在 $\triangle ABC$

内,$PC=2\sqrt{3}$,$\angle APB=120°$.求 $PA+PB$ 的最大值.

思考 (1)读取题中信息,图中有几何基本模型吗?(2)如何通过几何变换构建数学模型?(3)问题 2 的建模方法对本题有什么启发?(4)从数学模型到数学情境解决问题的切入口是什么?

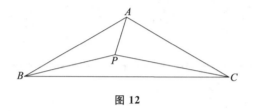

图 12

解析 如图 13,将△ABP 绕点 A 逆时针旋转 $120°$得到△ACP',连接 PP',可得 Rt△PCP',构造等边△$AP'Q$,易知 C、P'、Q 三点在一条直线上,研究基本模型△PCQ,$PA+PB=P'A+P'C=CQ=\dfrac{2}{\sqrt{3}}CM\leqslant\dfrac{2}{\sqrt{3}}PC=4$.

通过旋转△ABP,作等边△$AP'Q$,构建基本模型△PCQ,在旋转变换中揭示建构模型解决问题的策略,体现建模问题的多元表征,化繁为简、举一反三、会一题、通一类.

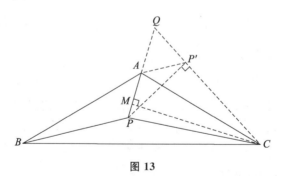

图 13

问题 4 如图 14,线段 $AB=4$,点 C 为线段 AB 上一动点,分别以 AC、BC 为边作等边△ACD 和等边△BCE,⊙O 外接于△CDE,求⊙O 半径的最小值.

解析 连接 DO 并延长交⊙O 于点 F,连接 EF,则 $\angle EFD=\angle DCE=60°$.设⊙$O$ 半径为 r,则△DEF 中,有 $DE=\sqrt{3}r$.过点 D 作 $DH\perp CE$ 于点 H,设 $DC=x$,则 $CH=\dfrac{1}{2}x$,$EH=4-\dfrac{3}{2}x$.Rt△DCH 中,$DH^2=DC^2-CH^2=$

$x^2 - \dfrac{1}{4}x^2 = \dfrac{3}{4}x^2$；$Rt\triangle DEH$ 中，$DH^2 = DE^2 - EH^2 = 3r^2 - \left(4 - \dfrac{3}{2}x\right)^2$，所以

$3r^2 = \dfrac{3}{4}x^2 + \left(4 - \dfrac{3}{2}x\right)^2 = 3x^2 - 12x + 16 = 3\,(x-2)^2 + 4$，当 $x = 2$ 时，r 的最

小值为 $\dfrac{2}{3}\sqrt{3}$．

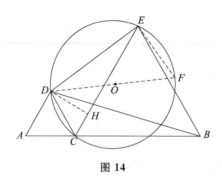

图 14

　　研究以圆为问题背景的动态几何问题，用半径 r 表示线段 DE 的长，在 $\triangle CDE$ 中构造垂线段 DH，依据几何模型，巧妙地将半径 r 与线段 DC 之间的数量关系转化为二次函数最值模型进行求解，化抽象为直观，从变化的动态中寻求出动点 C 的位置与半径 r 之间的内在规律，有效提升了学生数学思维的深刻性．

　　通过构建模型解决问题，学生可以将熟悉的实际问题与抽象的几何语言之间建立某种对应关系，迁移知识和方法，把新知识纳入已有的认知结构，同时又在已有的认知结构中内化新知识，形成知识建构的过程．

　　把数学情境抽象为数学模型，在数学模型到数学情境的建构过程中，强化对数学知识本质的理解和应用．在"情境—模型"的双向建构过程中，以问题解决目标为指向，采用同化与顺应的方式，通过与问题情境互相作用的建构活动引导学生体验问题的一般转化方法，从而拓展学生思维的深度和广度，提高学生的思维品质，加强学生的想象能力，培养学生的创造能力．

"双减"政策下数学作业结构化分层设计实践与思考

——以"一元二次方程根的概念教学"为例

"双减"就是要减轻学生不合理的作业负担,提升作业设计质量,为学生的持续性发展提供学习和进一步探究的空间,满足学生个性化成长的需求.在新政策的推动下,初中数学作业的设计要求尊重学生的主体地位和个性差异.初中数学作业的结构化分层设计就是根据学生的实际水平,立足整章的知识体系去构思.作业设计既具有挑战性学习任务,又契合每位学生的学习需求和学习能力,结构化的作业设计突出指向性、差异性和多样性.下面以苏科版数学九年级(上)"一元二次方程根的概念教学"为例,尝试采用结构化教学视角下的单元作业分层设计,把一元二次方程整章知识结构化,将散点状态的知识串起来,帮助学生揭示数学知识的内在联系,对数学作业结构化分层设计的过程方法进行改善与渗透,完善作业设计结构,以期减轻学业负担,帮助学生掌握数学概念,提升教学效率,权作抛砖引玉.

1. 综合分析,结构化定位分析

《义务教育数学课程标准》(2011 版)指出:数学学习中的教师的"教"与"学"必须是开放而多样的.数学作业设计根据学情、学习基础(表 1)、学习特点,设计一些开放性问题,引导学生多层次、多角度地探索问题,激发学生的探究内驱力.

表 1　学习基础分析

类型	占比	基础分析
A	15%	困惑于寻找等量关系,列出一元二次方程,基础薄弱,接受能力弱,积极性不高
B	40%	通过学习,能把实际问题转化成数学问题,提炼数学模型,通过类比迁移,感知概念
C	25%	学习自觉,能感受到方程源于实际生活,通过观察,善于归纳一元二次方程的概念
D	20%	善于抽象、概括,能整体把握一元二次方程的概念内涵,能深度加工知识,会反思、质疑、深度学习

学生的差异是客观存在的,面向全体学生必须尊重个体差异,因材施教,

发现问题,合理科学地分层设计作业,从简单的问题入手,一步步引导学生探索更深层次的数学知识,增强学生学习的积极性和自主性,克服传统作业设计的弊端,使学生获得最大程度的发展.

数学概念是数学思维活动的单位元,是培养学生思维能力的起始阶段和出发点,可在深入理解数学概念的过程中发展学生的抽象思维能力.一元二次方程是"数与代数"部分重要的内容,基础知识有代数式、一次方程(组)、分式方程等(表2),高中阶段有一元二次不等式、二元二次方程组等.学习一元二次方程根与系数的关系内容可以进一步加深对一元二次方程及其根的认识,也可为以后的学习做准备.理解一元二次方程是刻画现实世界数量关系的有效模型,它起着承上启下的作用,也是物理、化学等学科解决问题的工具.

表2 一元二次方程根的概念教学知识要点

知识点	要点剖析	目标要求
一元二次方程的定义及一般形式	① 等号两边都是整式(整式方程); ② 只含有一个未知数; ③ 未知数的最高次数为2	① 理解掌握; ② 正确辨析
一元二次方程根	① 使左右两边相等的未知数值; ② 判断方法; ③ 一元二次方程的根与系数的关系	① 熟练求解; ② 灵活应用

根据作业结构化分层设计对不同的学生列出不同的学习能力目标,把握方程概念、建构知识结构,明晰概念形成、建立和应用的全过程.从能力层的角度明确努力方向,在夯实基础的前提下,循序渐进展开质疑,帮助学生完成对数学概念的学习,积极开展观察、思考、探究、抽象等数学学习活动,因为明确的目标更有利于学生找到自信,获得成功的体验.以一元二次方程根为例,其概念学习能力分层设计如表3表示.

表3 一元二次方程根的概念学习能力分层对照表

目标分类	学习能力原则	深度学习
知道	理解一元二次方程的定义和根的概念	联系旧经验
领悟	掌握、辨析概念、明晰本质	发展理解能力
应用	置于行动、灵活应用	探究原理、基本原则
分析	能解决真实复杂的问题	寻求解题基本模式和套路
综合	独立思考、高阶思维	解决问题、学会探究

根据学生学习能力分析,观察学生能否对所学内容理解并记忆,养成正确反思纠错的习惯,梳理知识框架、整合知识内容,提升作业设计的针对性,并有意识地总结学习中出现的问题,勇于交流质疑,能对知识点提出变式的新问题.一元二次方程内容的数学知识结构和学习过程如图1所示.

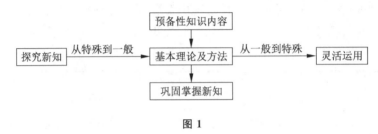

图 1

以教学单元为单位组织教学,整体建构,有助于弄清一元二次方程的教学目标与课时目标之间的层次关系,有利于系统地、有计划地反馈教学过程,从单元整体上较好地落实因材施教,防止简单的机械重复导致学生学习效率低下,从而丧失学习信心.结构化单元分层设计具有相对完整性,可以从单元整体的知识体系层面考虑对学生进行"双基"和能力的综合训练,使学生形成较好的认知结构.

2. 挑战任务,结构化分层探究

让学生理解一元二次方程的一般形式 $ax^2 + bx + c = 0(a \neq 0)$,能使一元二次方程左右两边相等的未知数的值称为一元二次方程的解,只含有一个未知数的方程的解也叫作这个方程的根,两根的数量关系为 $x_1 + x_2 = -\dfrac{b}{a}$,

$x_1 x_2 = \dfrac{c}{a}$.引导学生对一元二次方程根的概念深层次把握,根据学生学习基础的差距和潜能,关注学生思维发展的进程,预测学生探究过程中可能遇到的难点和重点,设置核心问题的理解台阶,完成精致、科学、灵动的作业设计,并及时指导学习方法,归纳总结,实现高效课堂.

单元结构化分层作业是一种专题教学设计,它的基本思想是采用"自顶向下,逐步求精"的程序设计方法,从问题本身开始,经过逐步细化,将解决问题的步骤分解为由基本程序结构模块组成的结构化问题图式.通过学生作业设计,学后纠错订正,形成单元教学整体反思、深度学习,真正实现单元整体教学、作业、评价的系统化(表 4).

表 4　"一元二次方程根的概念教学"作业设计

类型	难度分析	学习基础分析	问题呈现
A	理解概念,正确应用,夯实基础	学习困难,自觉性差	1. 已知 $x=1$ 是一元二次方程 $ax^2+bx-60=0$ 的一个根,求 $\dfrac{a^2-b^2}{2a-2b}$ 的值. 2. 若关于 x 的一元二次方程 $(m-1)x^2+2x+m^2-1=0$ 有一根是 0,求 m 的值. 3. 若关于 x 的一元二次方程的两根为 $x_1=1,x_2=2$,则这个方程是____.
B	知识转化为技能、拓展变式	基础一般,接受能力中等	1. 已知方程 $x^2+ax+1=0$ 与方程 $x^2-x-a=0$ 有且只有一个公共根,求 a 的值. 2. 若关于 x 的一元二次方程为 $mx^2+x-m+1=0$.① 当 $m=0$ 时,方程只有一个实数解;② 当 $m\neq0$ 时,方程有两个不等的实数解;③ 无论 m 取何值,方程都有一个负数解.其中正确的是____.
C	灵活开放、综合性强	基础扎实、分析能力强	1. 已知方程 $x^2+x-1=0$,求作一个一元二次方程,使它的根分别是已知方程根的一半. 2. 已知关于 x 的方程 $(a-1)x^2-4x-1+2a=0$ 的一个根是 3.(1) 求方程的另一根;(2) 若 $\triangle ABC$ 的三边长都是此方程的根,请尝试提出新问题.
D	深度思考、质疑变式	逻辑推理能力强,能用新知识解决新问题	1. 关于 x 的方程 $a(x+m)^2+b=0$ 的根是 $x_1=5,x_2=-6$(a,b,m 为常数且 $a\neq0$),解关于 x 的方程 $a(x+m+2)^2+b=0$. 2. 若 $a,b(a<0)$ 是关于 x 的方程 $(x-m)(x-n)+1=0$($m<n$)的两个实数根,试比较实数 a,b,m,n 的大小.

　　结构化分层设计基于学生的个体差异,帮助学生理解概念、掌握本质,进行循序渐进、台阶式的认知活动,引导学生学会思考、学会迁移,提升学生的思维能力、创新求变能力.A 类作业巩固新知,帮助学生理解概念,学会初步应用;B 类作业沟通知识前后联系,加深对知识、方法思想的理解;C 类作业更好地培养学生思维的灵活性和深刻性;D 类作业整体建构,二次创新、探究新知."爬坡式"探究注重提升学生的课堂参与度,重点关注学生的学习能力,也为后续学习一元二次方程的解法、一元二次不等式、二次函数等知识打下基础,同时也有助于教师从宏观和微观上理解数学教学内容,内化专业涵养.

3. 整体反思,结构化诊断检测

数学概念教学一般都从它的本质结构出发,科学设计出训练的思维导图和生长链,密切关注概念知识点的生长路径是否通畅.在综合数学作业结构化设计的总目标和课时目标的基础上,要有针对性地选择与设计一定的数学问题进行检测,引领学生思维发展方向和深度理解.通过检测及时反馈纠错,促进数学思维的自然生长和延伸,并获得积极的学习体验,依据反馈知识性达成度,再思考、再修改,从而使检测功效更突出重点、突破难点、突显关键.

单元结构化作业分层检测是运用系统方法对一元二次方程根的概念所涉及的各种课程资源进行有机整合、对教学过程中相互联系的各个部分做出整体安排的一种构想,即为达到整个一元二次方程知识的教学目标,对教什么、怎样教以及达到什么结果所进行的有效的单元检测策划(表5).

表5 "一元二次方程根的概念教学"检测设计

类型	问题呈现	问题呈现
A	基础	1. 已知关于 x 的一元二次方程 $x^2-(m+1)x-6=0$ 的一个根是 2,则 $m=$ _____. 2. 若关于 x 的一元二次方程 $(m-1)x^2+5x+m^2-3m+2=0$ 的常数项为 0.(1) 求 m 的值;(2) 解此方程.
B	巩固	1. 已知关于 x 的一元二次方程 $mx^2-4x+3=0$ 的一个根为 $x=1$. (1) 求 m 的值;(2) 分解因式 mx^2-4x+3. 2. 已知 a 是关于 x 的一元二次方程 $x^2-2021x+1=0$ 的一个根,求 $a^2-2020a+\dfrac{2021}{a^2+1}$ 的值.
C	提升	1. 设 m、n 是整数,方程 $x^2-mx+n=0$ 有一根为 $\sqrt{5}-2$,求 $m-n$ 的值. 2. 已知关于 x 的一元二次方程 $mx^2-(m+3)x+3=0$. (1) 求证:无论 m 为何值,$x=1$ 都是此方程的一个根; (2) 若此方程的根都是正整数,求整数 m 的值.

科学设计检测作业,避免无效重复,尝试设计类型多样,倡导自主选择,分层次要求,以"四基"为基本标准,适当降低难度,减轻学生过重的作业负担.检测诊断是教学的一个重要环节,组织学生参与作业评价过程,学生互批,师生共同批改,充分发挥学生的主体作用,提高作业批改效率.诊断的主要目的在于全面评价学生,及时发现问题,防止遗忘,加深对新授知识的理解,拓展认知、及时纠错,为后续学习奠定能力基础,助力学生良性发展.

　　尝试严格按照课标要求和教学进度设计分层作业,作业设计的难度可从"客观难度"和"主观难度"两个角度进行分析,适度"拔高",力争让学生"跳一跳,够得到".循序渐进式的专题微探究,不仅能激发学生的学习兴趣,而且能锻炼学生的深度思维能力,提升数学素养和能力.

　　数学作业是学生学习数学的一个重要环节,为了让"双减"政策落到实地,为了促进学生对知识体系的主动建构,为了更好地培养学生的数学思维和综合能力,应倡导合理科学地结构化分层设计数学作业,优化测检批改评价方式,最大限度地发挥数学课后作业的育人作用.

　　数学作业分层设计,可优化作业结构,减轻学业负担.提优增效是教学改革的重点之一,"不破不立",但相比于"破","立"的过程相对漫长,需要不断探索努力.

第5章

强化"渗透—积累—强化—吸收—运用"，
理解数学思想方法

要激发学生对数学学习的兴趣、化解难点,融入数学思想方法难度相对较大,这是由于数学思想方法往往都是深深隐匿于基础知识中的,不容易被察觉.数学深度学习的过程就是化隐为显,通过"渗透—积累—强化—吸收—运用",提升学生的数学素养.

(1)遵循"循序渐进、螺旋上升"的原则

数学思想方法是一种以具体数学知识为载体,但又超越具体数学知识的指导思想和方法,是需要在长期实践积累和自身学习活动中逐渐融合而成的知识系统,是在掌握数学基础知识和技能的基础上以数学思维能力的形式慢慢形成的.因此,数学课堂教学中应该遵循循序渐进、螺旋上升的原则,不可以急功近利.

(2)聚焦核心知识,挖掘数学本质

数学核心内容是深度学习的重要目标,通过深度学习探究数学本质,使学生系统地掌握基础知识和基本技能,理解并掌握数学思想方法,帮助学生养成在解决数学问题时应用数学思想方法的习惯,进而使学生具有独立分析、解决高难度数学问题的能力.

(3)读懂教材,理解教学案例剖析

对初中数学教材认真研究,挖掘教材中的数学思想.了解教材的编写特色,了解教材的知识体系和知识的编排顺序,了解教材的编写意图,把握教材的实质,从而有针对性地进行教学,在各个环节中渗透数学思想方法,包括概念教学、定理和法则教学、解题教学、复习教学等.

(4)深度学习,处理好难点和关键点

深度学习离不开学生独立自主的探索,离不开动手操作和合作交流,也离不开教师适时适当的点拨,随着探究活动的逐步深入,帮助学生找准核心问题的观察点,在解决问题的切入口理性思考,有效突破难点,积累经验.

(5) 以深度带广度,培育迁移能力

相比于接受式的浅层学习,发现式的深度学习需要花费更多的时间.老子有云:"为学日益,为道日损.损之又损,以至于无为,无为而无不为."对于数学学习而言,不能仅仅满足于具体知识的学习和"一题一法"小技巧的获得,更要追求蕴藏在知识与技能中的数学思想的提炼和数学思维的锤炼,最终升华为通彻.

精心预设　建模探究　能力立意
——"用一次函数解决问题"教学设计评析

《义务教育数学课程标准》(2011 年版)明确提出,数学课程应体现"问题情境—建立数学模型—理解、应用与发展",让学生亲身经历将实际问题抽象成数学模型并进行解释与应用的过程.因此,在初中数学教学中研究建构数学模型的教学设计,渗透建模思想,帮助学生形成一定的建模意识和能力,具有十分重要的现实意义.笔者尝试以"用一次函数解决问题"的教学设计为例,通过函数图像表述变量之间的关系,建立数学模型,并尝试改变情境等多种变式途径,强化学生对数学建模转化方法的理解,帮助学生多角度、多层次地体验建模解决这类行程问题的过程和方法.

1. 目标定位,教学要求

苏科版数学八年级(上)第六章第四节"用一次函数解决问题",要求探究一次函数图像解决简单的实际问题,引导学生体会函数、方程、不等式的关系,建构知识联系.引导学生经历从不同角度去观察、分析、思考、体验解决问题多样性的探究过程,挖掘图给信息,培养数形结合意识,增强数学应用意识,体验将数学应用于实际的过程,形成数学经验.

2. 题组引领,构建模型

为学生提供富有内涵的行程问题情境,在读题分析过程中唤醒学生解读函数图像的能力,挖掘甲、乙两人同向而行曲线图中蕴含的丰富信息,数形结合,通过建模巧妙转化问题.

问题 1　已知两人分别骑自行车和摩托车沿着相同的路线从甲地到乙

地,图 1 反映了两人行驶过程中路程 s(千米)随时间 t(小时)的变化关系,你能从图像中获取哪些信息?

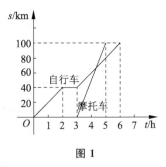

图 1

问题引导 (1) x 轴、y 轴分别表示什么实际意义? (2) 如何用函数关系表示自行车、摩托车行驶过程中路程 s 随时间 t 的变化? (3) 图像中线段的交点表示什么意义? 如何求交点的坐标?

效能分析 引导学生体验函数图像与解析式的互化,体会函数解析式能简明扼要地刻画运动过程中路程 s 随时间 t 的变化关系.问题 1 中,$s_{摩托车}=50t-150(3 \leqslant t \leqslant 5)$,$s_{自行车}=\begin{cases} 20t & (0 \leqslant t \leqslant 2) \\ 40 & (2 < t \leqslant 3) \\ 20t-20 & (3 < t \leqslant 6) \end{cases}$.通过读图、识图,认识到线段交点就是两车相遇的时刻,交点的坐标就是方程组 $\begin{cases} s=50t-150 \\ s=20t-20 \end{cases}$ 的解 $\begin{cases} t=\dfrac{13}{3} \\ s=\dfrac{200}{3} \end{cases}$.让学生体会将生活实际问题转化为函数问题的过程,即求函数图像的交点坐标,再求对应方程组的解.当自行车行驶 $\dfrac{13}{3}$ h 时,两车相遇,相遇处距离甲地 $\dfrac{200}{3}$ km.

拓展 (1) 自行车在 0~2 h,3~6 h 两段时间内,速度是否发生变化,为什么? (2) 自行车出发多少时间后,与摩托车相距 20 km?

效能分析 引导学生通过计算发现,$s_{自行车}=\begin{cases} 20t & (0 \leqslant t \leqslant 2) \\ 40 & (2 \leqslant t \leqslant 3) \\ 20t-20 & (3 \leqslant t \leqslant 6) \end{cases}$,自行车的速度 $v=20$ km/h.进一步通过图形特征发现,在 $s=kt+b$ 中,速度 $v=|k|$ 这一数量关系.

两车行驶过程中的距离问题可以建立数学模型,即函数之差,$20t=20$,$(20t-20)-(50t-150)=20$,$100-(20t-20)=20$.当 $t_1=1$,$t_2=\dfrac{11}{3}$,$t_3=5$

时,两车相距 20 km,问题引导中(1)(2)是突破口,(3)是数形结合的切入点.拓展问题是在巩固中完善,在描述两车行动状态的过程中,问题依次深入,层层展开,浑然一体,教会学生思考问题的方式,体验由两车距离建立函数模型,再转化为方程解决问题的方法,为今后处理相关问题提供了一种可操作的技能路径.

3. 变式探究,突出思想

变式教学设计可实现一类题解法套路的迁移,并巩固深化,在一脉相承的建模解题研究中,联想类比相关题型,在两车相遇、两车行驶距离处设疑,由形及数,在辨析、对比中,一图多用,一图多变,打开解题思路,把学生思维引向新的高度.

变式 已知两人分别开汽车和货车沿着相同的路线从甲地到乙地,图 2 反映了两人在行驶过程中路程 s(千米)与时间 x(小时)的变化关系.

引导学生类比上述问题,自主提出问题并思考、探究.

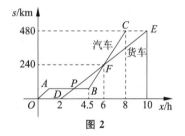

图 2

问题引导 (1)求货车行驶的路程 s 与时间 x 的函数关系式;(2)求两车在途中第二次相遇时距出发地的路程;(3)货车出发多长时间后,两人在途中第一次相遇?(4)两车第二次相遇后,在什么时间范围内,它们之间的距离小于 50 km?

效能分析 由图像提供的信息可以求出 $s_{货车}=60x-120(2 \leqslant x \leqslant 10)$,$s_{汽车}=120x-480(4.5 \leqslant x \leqslant 8)$,交点 $F(6,240)$,意涵汽车行驶 6 h 后两车第二次相遇,相遇时距离甲地 240 km.通过桥梁联系作用,解出点 $B(4.5,60)$,再求出点 $P(3,60)$,意涵汽车行驶 3 h 后两车第一次相遇,此时距离甲地 60 km.再次强化一次函数图像交点坐标的求法及意涵的生活实际意义,引导学生用函数的观点认识问题.当两车距离小于 50 km 时,分类讨论,建立函数模型,转化为不等式 $(120x-480)-(60x-120)<50$ 或 $480-(60x-120)<50$,分别解出 $6<x<\dfrac{41}{6}$,$\dfrac{55}{6}<x \leqslant 10$.引导学生在问题深层次的探究中体验"数无形时少直观,形无数时难入微,数形结合万般好".数形结合是利用一次函数解决实际问题的关键.

4. 能力立意，注重本质

联系函数、方程等知识点，遵循学生认知规律，在探究分类函数的自变量范围处设疑，把原本孤立的知识点按一定的思维序列串联起来，数学思维训练实现了由厚向薄的转化、由量到质的飞跃，从运动变化的角度揭示了行程类函数问题的本质.

问题 2 甲、乙两人从相距 60 km 的 A、B 两地同时出发，相向而行，甲骑自行车与 A 地的距离为 y_1(km)，乙骑摩托车与 A 地的距离为 y_2(km)，两人行驶时间为 x(h). y_1、y_2 与 x 的函数关系如图 3 所示，请根据图像提供的信息设计问题.

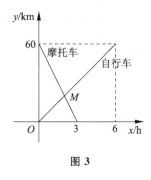

图 3

问题引导 (1) 根据图像，分别写出 y_1、y_2 与 x 的函数关系式；(2) 分别求出当 $x=1$，$x=2.5$，$x=4$ 时，两人之间的距离；(3) 若设两人之间的距离为 s(km)，请写出 s 关于 x 的函数关系式；(4) A、B 两地间有 P、Q 两个休息亭，相距 20 km，若甲骑自行车进入 P 休息亭休息时，乙骑摩托车恰好进入 Q 休息亭休息，求 P 休息亭到 A 地的距离.

效能分析 由问题 1 的同向而行变式为相向而行，行驶过程中设置两个休息亭设问，让学生在探究的过程中学会有条理地思考和解决问题，再次经历函数模型的构造转化过程，潜移默化地渗透了化归、分类、数形结合等数学思想.由图像知，$y_1=10x(0\leqslant x\leqslant 6)$，$y_2=60-20x(0\leqslant x\leqslant 3)$，分类讨论，用"形"的方法在三个区域求解甲、乙两人之间的距离，

$$s=\begin{cases} y_2-y_1=60-30x & (0\leqslant x\leqslant 2) \\ y_1-y_2=30x-60 & (2<x\leqslant 3) \\ y_1=10x & (3<x\leqslant 6) \end{cases}$$ 由函数问题转化为解方程：① $20=60-30x$，所以 $x=\dfrac{4}{3}$；② $20=30x-60$，所以 $x=\dfrac{8}{3}$.分别求解得出 $AP=\dfrac{40}{3}$ km，

$AP=\dfrac{80}{3}$ km.一次函数图像形象直观，如何正确求解自变量的取值范围，需读懂题意，并借助方程或不等式等来明确.用"数"的方法求解一次函数，运用方程的变形、不等式的性质等相关知识弥补"形"的不足，培养学生的识图能力及形象思维能力.

5. 渗透数学思想方法,落实教学目标

根据学情设计符合学生解题思维水平的教学问题情境,问题选择呈现以下特点:① 突出基础,重视通性通法.通过图表信息的挖掘探究引导学生进一步理解行程函数问题与方程、不等式的密切联系,不过多追求技巧,突破行程问题中运用函数图像转化为不等式的学习难点.② 同类问题变式拓展,关注思维训练.对同一类行程问题从不同角度、不同层次进行变式,培养学生迁移发散知识的能力,从图表信息到函数图像,分类转化、建模,逐步引导,数学思维训练拾级而上,层层深入,透彻理解数形结合思想,达到会一题、通一类的学习效果.

以教学设计中的问题为引导,帮助学生了解问题情境,正确读图;以问题串的形式创设问题情境,激发学生自主探索解决问题的积极性和创造性;通过梳理并表征相应的数量关系,建构函数、方程、不等式模型解决问题;通过建模揭示较复杂的数量关系,使学生深刻理解解决实际问题时蕴含的思想方法,提升学生对实际问题情境的理解水平,帮助学生总结解题策略,形成结构化知识,从而提升数学思考与解决问题的能力.

自觉思辨,顺势延伸,提升能力
——基于"一元一次方程、一元一次不等式"的纠错辨析教学的实践与思考

解题是提高数学能力的必由之路,提高数学解题能力,必须深刻理解数学概念及相关原理,构建清晰的知识网络体系.因此,在解题教学中必须及时纠错分析,强化巩固学生对概念的理解."错"也是一种教学资源,在逐渐消除错误的过程中,正确分析产生错误的原因,通过辨析提高学生纠错的能力是达到教学目标的有效策略.教师通过错因分析及时质疑反思自己的教学行为,设计思辨问题链,展开思辨探究,有效提升学生的解题能力.

1. 问题提出

学习课题:复习一元一次不等式(苏科版数学七年级).该学习内容要求学生掌握一元一次方程及一元一次不等式的有关概念,理解不等式的基本性质,会解一元一次方程与一元一次不等式,学会类比等式解决相关不等式的问题,理解方程是探求相等关系的工具,不等式是研究不等关系的重要手段,

要求建立一元一次方程与一元一次不等式的内在联系,训练学生的发散思维,主动构建认知结构,培养学生触类旁通的能力.

在教学过程中,如果教师只注重具体解法的辅导,而忽视了一元一次方程与一元一次不等式之间的联系,那么学生易混淆二者的解法,尤其是学习不等式之后,方程问题的解题能力不见提高,甚至对以下内容越发模糊:① 一元一次方程、一元一次不等式的概念;② 一元一次方程和一元一次不等式的解法及解法依据;③ 一元一次方程与一元一次不等式的表示.因此,有必要关注学生常出现的错误,从错误资源入手,设计有针对性的思辨问题,提高学生的数学解题能力.

2. 错因分析

笔者尝试对一元一次方程与一元一次不等式学习内容进行比较、分析,在教学实践中对学生解题时经常出现的错误进行归纳整理.

2.1 概念不清晰

学生没有建立正确的方程、不等式的概念,不理解移项法则,移项时不变号;不理解去括号的法则,去括号时只改变括号内首项的符号;不理解等式的性质,去分母化简等式两边乘公分母时,漏乘不含分母的项;不理解不等式的性质,不等式两边乘负数时,不等号的方向不改变.

2.2 混淆推理依据

学生逻辑推理能力差,解一元一次方程与一元一次不等式过程中,化简小数分母、整数分母时,把分数的基本性质与等式性质、不等式性质混淆,不会正确求解不等式问题涉及的特殊解(如整数解、非负整数解等),缺乏缜密的推理逻辑.

2.3 数学语言表达不规范,数学符号感弱

在一元一次方程、一元一次不等式解题过程中,学生不理解两者解法上的区别与联系,对"不大于""不小于""非负""至少""不超过"等语言的理解和相互转化的能力较弱,不会从整体上深层次理解方程、不等式的解.

2.4 彼此孤立解法,缺乏对一元一次方程、一元一次不等式的联系、相互转化的理解

对方程的解、不等式的解集及不等式的特殊解概念模糊,部分学生不会利用数轴的直观性来描述它们之间的关系,缺乏"以形助数、以数论形"的数学思维训练,没有科学运用数形结合、转化等数学思想去分析问题.

3. 优化教法

3.1　培养学生自主学习能力——找出"病根"

培养学生的纠错辨析能力,引导学生领悟"求解方程、不等式的一般方法""如何转化方程与不等式的解",分析错因,设计问题链,在辨析探究中改善学生的个性学习品质,提升学生的自主学习与应用能力,增强学生自我效能感,问题设计巧妙抓住学生生成性错误,引导学生有效矫正认知障碍和缺陷,实现自我矫正的教学目标.

问题　(1)关于 x 的方程 $2x-3m=2(m-2x)+4$ 的解是 3,求 m 的值. (2)关于 x 的方程 $2x-3m=2(m-2x)+4$ 的解是非负数,求 m 的取值范围.(3)关于 x 的方程 $2x-3m=2(m-2x)+4$ 的解适合关于 x 的不等式 $x-3\geqslant 2m$,求 m 的取值范围.(4)关于 x 的方程 $2x-3m=2(m-2x)+4$ 的解适合关于 x 的不等式 $3(x+2)-7<5(x-1)-8$ 的最小整数解,求 m 的值.

解析　(1)由方程解出 $x=\dfrac{5m+4}{6}$,有 $\dfrac{5m+4}{6}=3$,所以 $m=\dfrac{14}{5}$.(2)由方程解出 $x=\dfrac{5m+4}{6}$,有 $\dfrac{5m+4}{6}\geqslant 0$,所以 $m\geqslant-\dfrac{4}{5}$.(3)在问题(1)(2)的基础上,得出 $\dfrac{5m+4}{6}\geqslant 2m+3$,所以 $m\leqslant-2$.(4)不等式的解集为 $x>6$,符合条件的特殊解为 $x=7$,$\dfrac{5m+4}{6}=7$,所以 $m=\dfrac{38}{5}$.

设计意图　由解一元一次方程到解一元一次不等式,梳理方法,明晰推理依据,将两者知识进行关联,将新知识同化到已有的认知结构中,找准学生"最近发展区",将易错问题逐个分解,适度给学生"搭建梯子",使学生正确理解一元一次方程的解与一元一次不等式的解集之间的联系.在类比转化训练中,澄清认识误区,深刻理解概念.

3.2　提升学生解题反思能力——总结方法

引导学生在理解数学概念、定义的基础上,进一步梳理和巩固知识间的内在联系,找出重点、难点,形成认知过程中的一个知识网络.引导学生自我反思,发现错误,突破难点,通过设计变式问题引导学生自我调整解题策略,在思辨训练中加深理解、掌握知识.

变式 1 关于 x 的不等式 $2x-3m>2(m-2x)+4$ 的解集是 $x>\dfrac{1}{3}$,求 m 的值.

变式 2 关于 x 的不等式 $2x-3m>2(m-2x)+4$ 有且只有两个负整数解 -1 和 -2,求 m 的取值范围.

解析 变式 1,不等式的解集为 $x>\dfrac{5m+4}{6}$,有 $\dfrac{5m+4}{6}=\dfrac{1}{3}$,所以 $m=-\dfrac{2}{5}$.变式 2,不等式有

图 1

且只有两个负整数解 -1 和 -2,借助数轴(图 1),$-3\leqslant\dfrac{5m+4}{6}<-2$,解出 $-\dfrac{22}{5}\leqslant m<-\dfrac{16}{5}$.

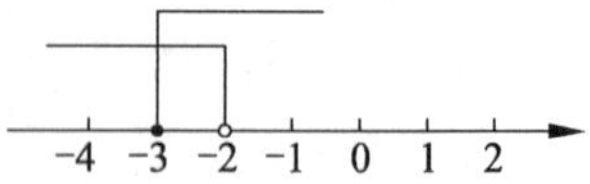

设计意图 借助数轴将一元一次不等式解集相关问题具体化、直观化,变式问题设计由易至难,增设变更条件,训练学生思维,引导学生借助数轴的形,自然转化,解决易混淆的不等式解集问题.

3.3 帮助学生积累解题策略——释疑解惑

波利亚在《数学解题表》中提及:"一个数学问题解答看似正确的,但怎样才能想到这样一个解答呢? 怎样去发现这些事实?"教师应尝试向学生解释解决一元一次方程与一元一次不等式相关问题的动机和步骤,拓展问题,引导学生发散思维,拓展的系列问题意在从不同角度思辨错解的缘由,帮助学生积累解题策略.

拓展 1 关于 x 的方程 $2x-3m=2(m-2x)+4$ 的解比关于 x 的方程 $\dfrac{2m+5}{3}-\dfrac{5x+1}{4}=0$ 的解小 3,求 m 的值.

拓展 2 关于 x 的方程 $2x-3m=2(m-2x)+4$ 的解不大于关于 x 的方程 $\dfrac{2m+5}{3}-\dfrac{5x+1}{4}=0$ 的解,求 m 的值.

拓展 3 关于 x 的不等式 $2x-3m>2(m-2x)+4$ 的解集与关于 x 的不等式 $\dfrac{2m+5}{3}-\dfrac{5x+1}{4}<0$ 的解集完全相同,求 m 的值.

解析 拓展 1,分别解出两个方程的解,有 $\dfrac{5m+4}{6}=\dfrac{8m+17}{15}-3$,所以

$m = -\dfrac{76}{9}$.拓展 2,正确理解"不大于"的意义,列出不等式 $\dfrac{5m+4}{6} \leqslant \dfrac{8m+17}{15}$,所以 $m \leqslant \dfrac{14}{9}$.拓展 3,依据题意得,两个不等式的解集分别为 $x > \dfrac{5m+4}{6}$, $x > \dfrac{8m+17}{15}$,且 $\dfrac{5m+4}{6} = \dfrac{8m+17}{15}$,所以 $m = \dfrac{14}{9}$.

设计意图　拓展的问题呈现阶梯式引导,把三个易错点或难点逐个分解与破译,迁移一元一次方程解法,内化提升解一元一次不等式的策略,拓展问题尝试通过对一元一次不等式解集描述的变化,引导学生探求两者的内涵,授之以"渔",提升学生的解题能力.

3.4　改进教学策略——举一反三

遵循学生认知规律,归纳整理、分析错因,揣摩变式问题的意图与侧重点,通过变式问题寻求突破口,剖析数学问题的通解通法,再学习,再提高,明晰解题的基本思路与方法,不断进行总结,通过辨析变式训练构建适合学生自身特点的纠错策略,使学生做一题、会一类.

变式 3　若关于 x 的不等式 $2x - 3m > 2(m - 2x) + 4$ 的解集为 $x > \dfrac{3}{2}$,求关于 x 的不等式 $\dfrac{2m+5}{3} - \dfrac{5x+1}{4} < 0$ 的解集.

变式 4　若关于 x 的不等式 $2x - 3m > 2(m - 2x) + 4$ 与关于 x 的不等式 $\dfrac{2m+5}{3} - \dfrac{5x+1}{4} > 0$ 有公共的解集,求 m 的取值范围.

解析　变式 3,先求出第一个不等式的解集 $x > \dfrac{5m+4}{6}$,得出方程 $\dfrac{5m+4}{6} = \dfrac{3}{2}$,所以 $m = 1$.再解第二个不等式,解出 $x > \dfrac{5}{3}$.

变式 4,分别解出两个不等式的解集 $x > \dfrac{5m+4}{6}$, $x < \dfrac{8m+17}{15}$,借助数轴(图 2),有 $\dfrac{5m+4}{6} < \dfrac{8m+17}{15}$,所以 $m < \dfrac{14}{9}$.

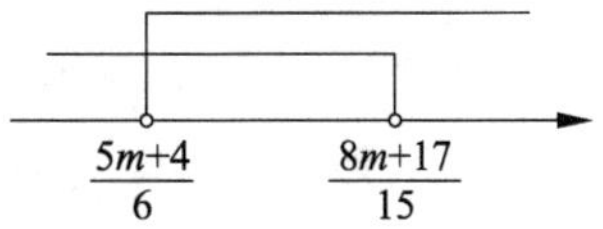

图 2

设计意图　立意在数形结合和转化等数学思想的高度,通过变式训练引导学生进入"套路",形数相升,在一元一次不等式解集问题的关键处,再思辨,引导学生主动调控、及时反馈,在想象、猜测、转化中构造新的不等关系解决问题,自觉领悟一题多变、一法多用的巧妙之处.

数学解题贵有思路,思则有路.反复实践探究,深入思考,从不同角度审视问题,分析解题错因,以学生不易辨析的错因为出发点,尝试变换问题,从原题的解题思路出发.引导学生思考"这个问题以前见过吗?""产生错误的原因是什么?""有没有见过类似的问题?""对这种问题,我们以前采用什么样的方法?""从哪里入手?""解题的关键在哪?".引导学生在变式拓展的思辨探究活动中学会化归、变换、内化由知识和方法组成的逻辑结构,在类比的辨析纠错中找到方程与不等式知识的联系与区别,抓住问题的本质,在鲜活灵动的深度思辨中,体验数学的发生过程,提升学生学习基本思想方法的能力及思维经验的积累水平.

自然联想　迁移拓展　活化思维

——对一道数学试题的探究与思考

联想是由当前感知的事物特征回忆起另一事物相似、相近或相同特征的心理现象.联想可以沟通未知与已知以及新知识与旧知识之间的联系.巴甫洛夫曾说过:"任何一个新问题的解决都要运用主体经验中已有的同类课题."意涵在初中数学解题教学过程中,应以问题为源,引导学生学会联想,通过多角度审视问题,激活思维,开拓学生的解题思路,培养学生思维的广阔性,帮助学生学会剖析问题的内在规律,真正把数学知识和方法融会贯通,提升学生分析问题和解决问题的能力.下面以一道试题的解法的探讨为突破难点,尝试一题多解,一题多变.

1. 问题呈现

如图1,在四边形 $ABCD$ 中,$\angle ABC = \angle ADC = 90°$,$BD$ 平分 $\angle ABC$,$\angle DCB = 60°$,$AB + BC = 8$,求 AC 的长.

解析　四边形 $ABCD$ 由两个特殊的三角形(Rt$\triangle ADC$ 和 Rt$\triangle ABC$)拼成,引导学生思考:条件 BD 平分 $\angle ABC$,$\angle DCB = 60°$ 蕴含了哪些信息? 类

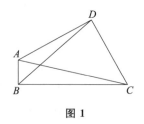

图1

比联想什么几何图形,哪些数学方法? 如何转化条件进一步寻求 AB 与 BC 的数量关系? 如何结合图形特征合理联想,思考构建一个图形实施转化的方向? 解题从何处突破?

2. 多解寻本,联想创新

2.1　联想直角三角形

观察图形特征,构造 $\mathrm{Rt}\triangle EBC$,寻求线段 BC、BE 与线段 AD、DC 之间的数量关系.通过解直角三角形,寻求线段 AB、BC 之间的数量关系,建立方程进行求解.

解法一　如图 2,延长 BA、CD 相交于点 E, $\mathrm{Rt}\triangle EBC$ 中,$\angle E=30°$,$\angle DAC=\angle DBC=45°$,有 $AD=DC$.设 $AD=DC=t$,则 $AE=2t$,$DE=\sqrt{3}\,t$, $EC=(1+\sqrt{3})\,t$,所以 $BC=\dfrac{1}{2}EC=\dfrac{1+\sqrt{3}}{2}t$,$BE=$ $\sqrt{3}BC=\dfrac{3+\sqrt{3}}{2}t$,$AB=BE-AE=\dfrac{\sqrt{3}-1}{2}t$,因为 $AB+$ $BC=8$,即 $\dfrac{\sqrt{3}-1}{2}t+\dfrac{1+\sqrt{3}}{2}t=8$,解出 $t=\dfrac{8}{3}\sqrt{3}$,所以 $AC=\sqrt{2}AD=\dfrac{8}{3}\sqrt{6}$.

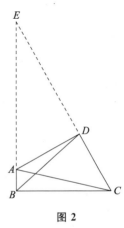

图 2

该解法从最基本的几何图形——含特殊角的直角三角形入手,辅以具体的数值进行推理运算."联想"培养学生的几何直观能力,"经验"辅助以推理,通过类比迁移,帮助学生发现规律和结论.

2.2　从直角三角形联想到矩形

观察图形,通过证明 $\mathrm{Rt}\triangle DEA$、$\mathrm{Rt}\triangle DFC$ 全等得相等的边 DE、DF,构造矩形 $EBFD$,推理计算出线段 AB、BC 与线段 AE 的数量关系,关注数学方法从特殊到一般类比的回归.

解法二　如图 3,延长 BA,过点 D 作 $DE\perp$ BA 于点 E,过点 D 作 $DF\perp BC$ 于点 F,易得矩形 $EBFD$.证 $\angle FDC=\angle EDA=30°$.在 $\mathrm{Rt}\triangle DEA$ 中, 设 $AE=t$,则有 $ED=BF=\sqrt{3}\,t$,$AD=DC=2t$, $\mathrm{Rt}\triangle DEA\cong\mathrm{Rt}\triangle DFC$,所以 $DF=EB=\sqrt{3}\,t$,从而

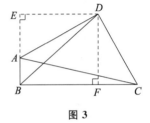

图 3

$AB=(\sqrt{3}-1)t, BC=(\sqrt{3}+1)t$. 因为 $AB+BC=8$，即 $(\sqrt{3}-1)t+(\sqrt{3}+1)t=8$，

所以 $t=\dfrac{4}{3}\sqrt{3}$，$AC=\sqrt{2}AD=\dfrac{8}{3}\sqrt{6}$.

解法三 如图 4，过点 D 作 $EF\parallel BC$，延长 BA 交 EF 于点 E，过点 C 作 $CF\perp EF$ 于点 F，得 矩形 $EBCF$，证 $\mathrm{Rt}\triangle DEA\cong\mathrm{Rt}\triangle CFD$. 设 $AE=t$，同解法二解出 $AB=(\sqrt{3}-1)t, BC=(\sqrt{3}+1)t$，$AC=2\sqrt{2}\,t=\dfrac{8}{3}\sqrt{6}$.

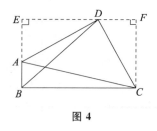

图 4

构造特殊三角形，由表及里，通过特殊角的关系，找出图形的内在联系，抓住 $30°$ 角的直角三角形边之间的数量关系，抓住图形结构特征，由此及彼，触发产生联想的起因，提高学生的解题技能.

2.3 从直角三角形联想到勾股定理

思考寻找相关联的几何基本图形，构造等腰 $\triangle AEC$ 和 $\mathrm{Rt}\triangle ABE$，找出线段 AB、BC 之间的数量关系. 联想勾股定理和线段 $AB+BC=8$ 的数量关系，利用待定参数 t，循勾股定理之法，建立方程，解决问题.

解法四 如图 5，作 $\angle AEB=30°$. 易证 $\angle DAC=\angle DBC=45°$，所以 $\angle ACD=45°$，又 $\angle BCD=60°$，所以 $\angle ACB=15°$，又 $\angle AEB=30°$，有 $\angle EAC=15°$，所以 $AE=EC$. $\mathrm{Rt}\triangle ABE$ 中，设 $AB=t$，则 $BE=\sqrt{3}\,t$，$AE=EC=2t$，所以 $BC=(\sqrt{3}+2)t$，又 $AB+BC=8$，所以 $t+(\sqrt{3}+2)t=8$，$(4+2\sqrt{3})t^2=\dfrac{64}{3}$. 在

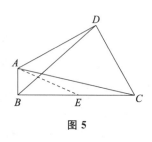

图 5

$\mathrm{Rt}\triangle ABC$ 中，$AC^2=AB^2+BC^2=t^2+\left[(\sqrt{3}+2)t\right]^2=2\times(4+2\sqrt{3})t^2=\dfrac{128}{3}$，

$AC=\dfrac{8}{3}\sqrt{6}$.

多角度分析，另辟蹊径，从特殊的角度入手，在三角形中构造等腰三角形和含特殊角的直角三角形. 此解法旨在培养学生思维的灵活性，避免思维的单一和固化.

2.4 从直角三角形联想到面积法

通过作 $\mathrm{Rt}\triangle ABC$ 斜边上的高和中线，萌发新意尝试通过图形的面积关

系寻求线段 AB、BC 之间的数量关系,再通过恒等变形,巧妙求解.

解法五 如图 6,取 AC 的中点 O,连接 OB,过点 B 作 $BE \perp AC$ 于点 E,则 $BO = AO = CO$. 由解法四得 $\angle ACB = 15°$,所以 $\angle OBC = 15°$,$\angle AOB = \angle OBC + \angle ACB = 30°$. Rt$\triangle OEB$ 中,设 $BE = t$,则 $OB = OC = 2t$,$AC = 4t$,$S_{\triangle ABC} = \dfrac{1}{2} AB \cdot BC =$

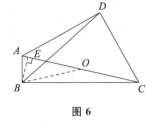

图 6

$\dfrac{1}{2} AC \cdot BE$,所以 $AB \cdot BC = 4t^2$,又 $AB + BC = 8$,有 $(AB+BC)^2 = 64$,即 $AB^2 + BC^2 + 2AB \cdot BC = 64$,$AC^2 + 2 \times 4t^2 = 64$,所以 $16t^2 + 8t^2 = 64$,解得 $t_1 = \dfrac{2}{3}\sqrt{6}$,$t_2 = -\dfrac{2}{3}\sqrt{6}$(舍),从而 $AC = 4t = \dfrac{8}{3}\sqrt{6}$.

转化条件决定于运算目的,此解法引导学生经历了面积等式到一元二次方程的转化,体验了等式的恒等变形和整体代入过程,有助于更好地理解问题,触类旁通.

2.5 从直角三角形联想到相似三角形

构造相似的等腰 Rt$\triangle ADC$ 和等腰 Rt$\triangle BDE$,联想相似三角形对应高的比等于相似比,正确梳理线段 AB、BE 相关联的线段的数量关系,求出 AC 的长.

解法六 如图 7,延长 BC 至点 E,使 $CE = AB$,连接 DE,过点 D 作 $DM \perp AC$ 于点 M,过点 D 作 $DN \perp BE$ 于点 N,证 $\triangle DAB \cong \triangle DCE$,有等腰 Rt$\triangle ADC$ 和等腰 Rt$\triangle BDE$. Rt$\triangle CND$ 中,设 $NC = t$,则 $CD = 2t$,$DN = \sqrt{3}t$,$DM = \sqrt{2}t$. 因为 Rt$\triangle ADC \sim$ Rt$\triangle BDE$,所以 $\dfrac{AC}{BE} = \dfrac{DM}{DN}$,即 $\dfrac{AC}{8} = \dfrac{\sqrt{2}t}{\sqrt{3}t}$,求得 $AC = \dfrac{8}{3}\sqrt{6}$.

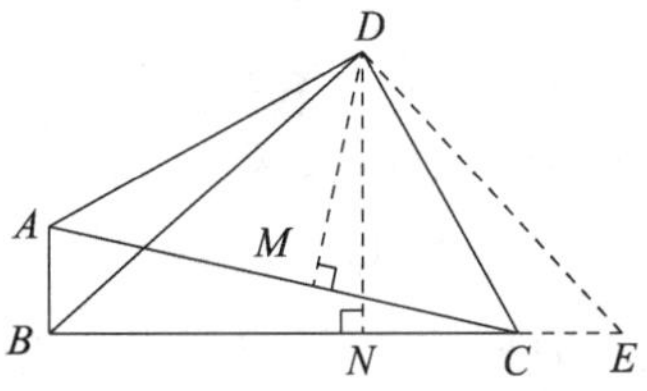

图 7

构造相似的等腰三角形解决问题,帮助学生寻求分析问题过程中蕴含的丰富的思想和方法,更好地锻炼观察、猜想、推断等探究能力. 解此题后,择优反思解法创意,可较好地培养学生的数学创新思维.

2.6 从直角三角形联想到圆

观察图形特征,可得出 A、B、C、D 四点共圆,依据圆中相关联线段的位置关系和旋转变换,把分散的条件转化到 Rt△ODH 中,结合圆的对称性质,自然生长出新解题思路.

解法七 如图 8,将△DBC 绕点 D 顺时针旋转 90°,得△DEA,取 AC 的中点 O,连接 BO、DO,过点 O 作 OH⊥BD 于点 H,则 △DBC≌△DEA,∠EAD=60°,∠BAD=120°,有 ∠EAD+∠BAD=180°,所以 E、A、B 三点在一条直线上,EB=EA+AB=BC+AB=8.又 OA=OB=OC=OD,所以 A、B、C、D 在同一个圆上.Rt△EDB 中,∠EBD=45°,所以 $BD=\frac{\sqrt{2}}{2}BE=4\sqrt{2}$,$DH=\frac{1}{2}BD=2\sqrt{2}$.在⊙O 中,

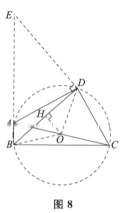

图 8

∠BOD=2∠BCD=120°,所以 $∠HOD=\frac{1}{2}∠BOD=$

60°.在 Rt△DHO 中,$\frac{HD}{OD}=\frac{\sqrt{3}}{2}$,所以 $OD=\frac{4}{3}\sqrt{6}$,$AC=2OD=\frac{8}{3}\sqrt{6}$.

构造辅助圆,动态探究几何图形,学会联系,生长图形,灵动的新图形诱发新思路,通过解一题、通一类的解题策略,提高学习效率.

3. 变式拓展

3.1 删减条件,发散思维

同一个数学问题,可以用不同的方法和途径来解决,删减条件∠DCB=60°,其结论也是多样的,呈开放性的.对数学问题进行变式拓展,可沟通知识的内涵和外延,深化知识,活化思维,提高解题能力.

变式 1 在四边形 ABCD 中,∠ABC=∠ADC=90°,BD 平分∠ABC,AB+BC=8,求四边形 ABCD 的面积.

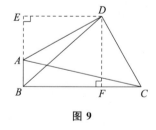

图 9

解析 如图 9,延长 BA,过点 D 作 DE⊥BA 于点 E,过点 D 作 DF⊥BC 于点 F,易证矩形 EBFD 和等腰 Rt△ADC,有 AD=DC,又 Rt△DEA≌Rt△DFC,所以 DE=DF,四边形 EBFD 为正方形.BE=BF,AB+AE=BC-FC,所以 AB+AE=8-AB-AE,有 AE=4-AB,又 BF=BC-FC=8-AB-AE,有 BF=8-AB-(4-AB)=4,因此

$$S_{四边形ABCD} = S_{正方形EBFD} = BF^2 = 16.$$

3.2　变更条件,一题多用

变换问题条件,在不改变探究问题本质的前提下,引导学生从几何图形的特征审视问题,从理解特殊线段的位置关系角度,在"变"与"拓"上做文章,帮助学生更深刻全面地领悟解题方法.

变式 2　在四边形 $ABCD$ 中,$\angle ABC = \angle ADC = 90°$,$BD$ 平分 $\angle ABC$,$AB + BC = 8$,$\tan\angle BCD = \dfrac{3}{2}$,求 AC 的长.

解析　如图 10,延长 BA,过点 D 作 $DE \perp BA$ 于点 E,过点 D 作 $DF \perp BC$ 于点 F,同变式 1 证 Rt$\triangle DEA \cong$ Rt$\triangle DFC$,有正方形 $EBFD$,解出 $ED = 4$.在 Rt$\triangle DEA$ 中,$\tan\angle BCD = \tan\angle EAD = \dfrac{ED}{AE} = \dfrac{3}{2}$,所以 $AE = \dfrac{8}{3}$,从而 $AD = \dfrac{4}{3}\sqrt{13}$,$AC = \sqrt{2}AD = \dfrac{4}{3}\sqrt{26}$.

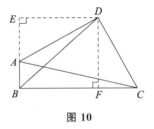

图 10

一题多解触及一类问题的基本活动经验和解题思想方法的联想.数学解题的综合和分析过程是以联想为中介展开的,一题多解的思考、探究、联想有利于帮助学生积累解题经验和丰富解题方法,深刻体现了数学知识的前后连贯性和数学思想方法的深刻性.

从条件出发展开数学联想,从结论分析结合图形特征开始联想,联想指引解题向合情推理的方向发展.一题多解寓意引导学生对探究过程中所涉及的知识、思想方法进行梳理,多渠道、多层次寻求知识与方法之间的内在联系,在联想中寻求解题途径,学会数学地思考,在联想反思中顿悟.愿大家多实践、多尝试,让数学解题与联想同栖同飞.

基于发展学生数学核心素养之"问题解决"的实践与思考

——以"复习一次函数、反比例函数综合问题"的教学为例

学生的核心素养,主要是指学生应具备的能够适应终身发展和社会发展需要的必备品格和关键能力.学科核心素养高于教学的知识与技能、情感态

度、价值观三维目标,是个体在知识经济和信息化时代,面对复杂的、不确定的情境时,综合运用学科知识、观念与方法解决现实问题所表现出来的关键能力和必备品质.数学学科核心素养指向"问题解决",指解决问题过程中所形成的问题解决能力以及与之相伴随的基本态度.数学核心素养是数学学习者在学习数学或其他领域所达成的综合能力.章建跃教授曾指出:数学课程的核心是培养学生的逻辑思维能力和理性精神,其中逻辑思维能力包括运算能力和推理能力.

"问题解决"是指帮助学生深刻领悟数学思想、有效提升数学思维品质、掌握演绎推理的解题方法,是数学解题教学的重要组成部分,是提升逻辑思维水平的重要途径.

笔者以苏科版数学九年级"复习一次函数、反比例函数综合问题"的教学为例,尝试以渗透数形结合、函数、方程思想为主线,通过探究解决此类问题的策略,提升学生的解题能力,发展学生的数学核心素养.

1. 教材解读

以苏科版数学九年级"一次函数、反比例函数的综合问题"为复习内容,设计学习目标,复习一次函数、反比例函数的性质,理解直线与双曲线交点坐标的几何意义,依据特殊三角形、特殊四边形等图形特征,以及方程、不等式、函数的关系,运用勾股定理、相似三角形性质等工具,解决一次函数、反比例函数的综合问题.

帮助学生学会点坐标与线段的相互转化,熟练掌握由特殊到一般、数学建模、数形结合思想、函数、方程思想的运用等.核心素养基于数学知识技能,又高于具体的数学知识技能,通过"问题解决"式的探究帮助学生掌握数学本质与数学思想,形成数学核心素养.

2. 追本溯源,显现本质

"问题解决"围绕双曲线的性质展开探究,打通新旧知识之间的联系,问题原型通过直线、双曲线把分散的知识串联成一个完整的知识体系."问题解决"围绕一个探究主题,问题设计遵循由浅入深、由简到繁、由表及里的原则,蕴含了丰富的思维方法,在深层次的探究活动中增强学生解决问题的意识和本领.

问题原型 如图1,经过原点的直线 AC、BD 分别交双曲线于 A、C、B、D 四点,依据对称性有 $OA = OC$,$OB = OD$.

思考：(1) 如何判别四边形 $ABCD$ 的形状？(2) 四边形 $ABCD$ 可能是矩形、菱形、正方形吗？为什么？(3) 找出与 $\triangle AOB$ 面积相等的几何图形；(4) 若四边形 $ABCD$ 的面积为 24，且已知点 $A(2,4)$，求点 B 的坐标.

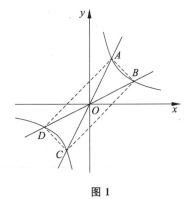

图 1

解析 依据模型，联想图形性质.

(1) $OA=OC$，$OB=OD$，所以四边形 $ABCD$ 为平行四边形.(2) 当 $OA=OB$ 时，有矩形 $ABCD$.(3) 如图 2，过点 A 作 $AE\perp x$ 轴于点 E，过点 B 作 $BF\perp x$ 轴于点 F，$S_{\triangle AOB}=S_{\triangle AOD}=\dfrac{1}{4}S_{\square ABCD}=S_{梯形ABFE}$.(4) 设点 $B\left(t,\dfrac{8}{t}\right)$，依据 $S_{梯形ABFE}=\dfrac{1}{4}S_{\square ABCD}=6$，求出 $B(4,2)$.

设计意图 发展学生的核心素养在于启发学生在具体的情境中发现问题、提出问题和解决问题.以一次函数、反比例函数为问题背景，综合考查四边形、方程、函数、分类讨论等

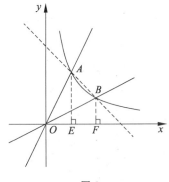

图 2

知识与核心思想，一个完整的演绎推理过程从等积变形的角度引导学生主动构建由面积关系转化为特殊点坐标的求解途径，帮助学生明晰基本模型所蕴含的数学思想方法，体验数学解题方法"条条大路通罗马"，数学思维的开阔性也体现得淋漓尽致.

3. 深度理解，从判断到推理

发展核心素养总是通过数学基础知识和基本能力实现的，挖掘隐藏在图式背后的思想方法，用"数形结合"的思想揭示直线、双曲线的性质特征，在判断的基础上进行合情猜想、演绎推理，深刻理解和领悟由一次函数、反比例函数的图像和性质生长出的新知识.

问题 1 如图 3，已知正比例函数 $y=2x$ 与反比例函数的图像交于点 $A(m,-2)$.(1) 求反比例函数的解析式；(2) 当正比例函数的值大于反比例函数的值时，写出 x 的取值范围；(3) 双曲线上有点 $C(2,n)$，求 $S_{\triangle BOC}$.

解析 （1）$m=-1$，$y=\dfrac{2}{x}$；（2）$-1<x<0$ 或 $x>1$；（3）点 $B(1,2)$、点 $C(2,1)$.过点 B 作 $BE\perp x$ 轴于点 E，过点 C 作 $CF\perp x$ 轴于点 F，$S_{\triangle BOC}=S_{梯形BCFE}=\dfrac{3}{2}$.或者延长 BC 交 x 轴于点 D，$S_{\triangle BOC}=S_{\triangle BOD}-S_{\triangle COD}=\dfrac{3}{2}$.

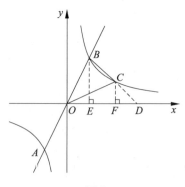

图 3

拓展 1 如图 4，续问题（3）条件，将点 C 沿 OA 方向平移 $\sqrt{5}$ 个单位长度得到点 D，判断四边形 $OADC$ 的形状，并证明你的结论.

解析 因为 $AO=CD$ 且 $AO\parallel CD$，所以 $OADC$ 为平行四边形，又 $AO=OC=\sqrt{5}$，所以有菱形 $OADC$.引导学生继续探究，判断 AC、OD 的位置关系，讨论有几种判别方法.

设计意图 尝试理解模型思想在"图形与几何"中的运用，问题设计把所涉及的核心知识点加以汇总，以问题原型为数学思维的

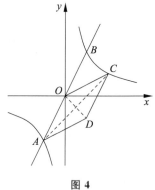

图 4

"梯子"，类比迁移解题方法，从求解析式到函数值的比较，强化数形结合推理判断能力，问题拓展引导学生从运动的角度提炼该题型的通性通法，获得基本的数学活动经验，有效地训练了学生数学思维的深刻性.

4. 数形结合，理解问题

数学核心素养具有综合性特征，核心素养的形成需要对数学思考能力和思考方式进行深入理解和综合运用.一次函数、反比例函数与一元一次方程、一元一次不等式之间存在着内在的必然联系：从函数角度看，它们是描述数量关系的数学模型；从方程角度看，每个函数解析式刻画着两个坐标变量的数量关系，从"数"与"形"两个方面建立它们之间的联系，引导学生从探求判断特殊三角形的形状到寻求等积变换的策略，深入理解函数性质，以及变量之间的对应关系和变化规律.

拓展 2　如图 5,续问题(3)条件,直线 AD 交 x 轴于点 E,交双曲线于点 F.(1) B、C、E 三点在同一直线上吗?(2)判断△ABF 的形状,并证明你的结论.

解析　(1)分别求出点 $B(1,2)$、$C(2,1)$、$E(3,0)$,再说明点 E 在直线 BC:$y=-x+3$ 上;(2)求出点 $F\left(4,\dfrac{1}{2}\right)$,计算出 $AB^2 + BF^2 = AF^2$,故 $\angle ABF = 90°$,△ABF 为直角三角形.

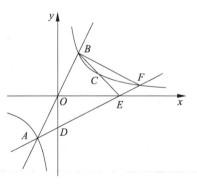

图 5

拓展 3　如图 6,续拓展 2 条件,在 y 轴上找一点 Q,使 $S_{\triangle BFQ}=S_{\triangle BFE}$.

解析　延长 FB 交 y 轴于点 G,过点 E 作 $EQ_1 /\!/ BF$ 交 y 轴于点 Q_1,分别求出直线 BF、EQ_1 的解析式:$y=-\dfrac{1}{2}x+\dfrac{5}{2}$,$y=-\dfrac{1}{2}x+\dfrac{3}{2}$,得出 $Q_1\left(0,\dfrac{3}{2}\right)$、$G\left(0,\dfrac{5}{2}\right)$.把直线 BF 平移长度 Q_1G,得出 $Q_2\left(0,\dfrac{7}{2}\right)$.

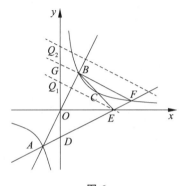

图 6

设计意图　问题拓展 1 考查了特殊三角形、方程、函数、分类讨论等相关知识和核心思想方法,结合图形发现题中很多特殊线段有待研究的数量与位置关系,数学思维量"丰满",较好地考查了学生综合运用解析几何知识解决问题的能力.

5.建立模型,解决问题

数学核心素养的提升在于追求严谨深刻的思维,以思维为基础,能力提升才能得到有效落实.在"问题解决"过程中,通过感知问题、表征问题,建立数学模型,形成解决问题的策略,通过建模,引导学生深刻理解"用两个变量描述的现象"到"用多个变量描述的现象",帮助学生从整体上把握解题规律,沿着思维的"脚手架"循序渐进,节节攀升.

问题 2　已知一次函数 $y_1=-2x+10$ 的图像与反比例函数 $y_2=\dfrac{k}{x}$($k>$

0)交于 A、B 两点，如图 7，$\tan\angle AOC = \dfrac{1}{2}$.(1)求

反比例函数 y_2 的解析式、点 B 的坐标及 $S_{\triangle AOB}$；

(2) 求 x 在什么范围内取值有 $y_1 > y_2$；(3) 求

$FB：BA：AC$ 的值；(4) 求原点到直线 FC 的距

离；(5) 判断以 AB 为直径的圆与 y 轴的位置关

系；(6) 判断在双曲线的另一支上是否存在一点

P，使得 $\triangle ABP$ 是以 AB 为直角边的直角三角形.

若存在，求此时点 P 的坐标.

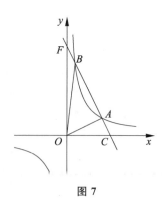

图 7

解析 (1) $y_2 = \dfrac{8}{x}$，$B(1,8)$，$S_{\triangle AOB} = 15$；(2) 当 $x < 0$ 或 $1 < x < 4$ 时，有

$y_1 > y_2$；(3) $FB：BA：AC = 1：3：1$；(4) 可判断 $OA \perp FC$ 于点 A，计算得

$OA = 2\sqrt{5}$；(5) 计算 $AB = 3\sqrt{5}$，以 AB 为直径的圆的半径 $R = \dfrac{3}{2}\sqrt{5} > \dfrac{5}{2}$，判断

此圆与 y 轴相交；(6) 如图 8，直线 PB 的解析式为 $y = \dfrac{1}{2}x + \dfrac{15}{2}$，直线 OA 的

解析式为 $y = \dfrac{1}{2}x$，分别解方程组 $\begin{cases} y = \dfrac{1}{2}x + \dfrac{15}{2} \\ y = \dfrac{8}{x} \end{cases}$，$\begin{cases} y = \dfrac{1}{2}x \\ y = \dfrac{8}{x} \end{cases}$，得 $P_1\left(-16, -\dfrac{1}{2}\right)$，

$P_2(-4, -2)$.也可设 $P\left(t, \dfrac{8}{t}\right)$，然后构造 $\mathrm{Rt}\triangle PMB \backsim \mathrm{Rt}\triangle BNA$ 求解.

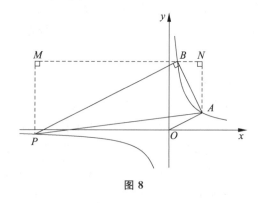

图 8

设计意图 问题设计由浅入深，在解决问题的切入口上设问，在问题解

决过程中引导学生从"数"和"形"的角度理解问题本质和变化依据，理解几何

图形的特征,睿智机敏地进行目标导引,体验到数学问题虽千变万化,但总以"问题"原型和基本思想方法为宗,帮助学生感悟解题思路的形成过程,领略数学思想方法的魅力,提升解题能力.

6. 引申推广,形成数学学科素养

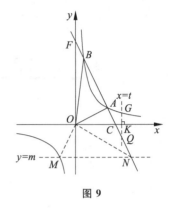

"问题解决"立足对典型问题进行深入剖析和挖掘,关注问题的难点和突破口,有意识地引导学生对相关问题进行归纳与整理、拓展、类比、引申,分析其中蕴含的数学思想方法,帮助学生掌握一次函数、反比例函数综合问题的研究方法,获得数量分析、作图探究及解决问题的经验,形成数学学科素养.

图 9

变式 1 续问题 2,如果动直线 $x=t(t>4)$ 与双曲线、x 轴、直线 FC 分别交于点 G、K、Q,且 K 为线段 GQ 的中点,求 t 的值.

解析 设 $G\left(t,\dfrac{8}{t}\right)$、$Q(t,-2t+10)$、$K(t,0)$.如图 9,若 $GK=KQ$,则

$\dfrac{8}{t}=-(-2t+10)$,解得 $t_1=\dfrac{5+\sqrt{41}}{2}$,$t_2=\dfrac{5-\sqrt{41}}{2}$(舍).

变式 2 续问题 2,如果动直线 $y=m(m<0)$ 与双曲线、直线 FC 分别交于点 M、N,且 $S_{\triangle MON}=18$,求 m 的值.

解析 设 $M\left(\dfrac{8}{m},m\right)$,$N\left(-\dfrac{1}{2}m+5,m\right)$.如图 9,$S_{\triangle MON}=\dfrac{1}{2}\left(-\dfrac{1}{2}m+\right.$

$\left.5-\dfrac{8}{m}\right)(-m)=18$,解得 $m_1=-4$,$m_2=14$(舍).

设计意图 变式问题使学生探究和思维逐步深入,在几何图形运动变化处设疑布障,在寻求几何图形特征和等量关系处引发学生深度思考,探究目标指向明确,变式问题驱动思考,较好地培养了学生的问题意识.

本案例的"问题解决"旨在通过探究引导学生对一次函数、反比例函数的图像和性质有一个较全面的认识,帮助学生感悟类比、从特殊到一般和数形结合的思想,使知识、技能、思想方法融为一体.《义务教育数学课程标准》(2011 年版)提出,变革学习方式,建立探究式教学格局,师生共同围绕"问题解决"展开探究,在教师的引领下全面掌握数学知识的学习方法,培养探究能

力,提高综合素质.

数学问题的本质是问题的核心与关键,本案例通过"数"与"形"深度相融来体现问题的本质特征,通过"问题解决"引导学生对问题本质的探究,帮助学生寻找内在联系,把握数学思想方法,感悟数学美的思维方式,激活数学思维的灵活性,有效提升学生的分析和判断能力,提升学生数学核心素养.

基于深度学习的初中数学建模探究的思考

——"二次函数图像中线段和差最值的存在性问题"教学设计

初中数学建模学习是指在理解的基础上建立数学模型,类比迁移,运用数学模型批判地学习新思想和分析事实,并将新知识融入原有的认知结构中,进而提升学习层次和探究能力.

初中数学建模教学的一般思路是"提出问题—分析问题—选择模型—建立模型—得出结论",以问题的探究为主要目标,引导学生学会大胆质疑、进行思想碰撞、产生思维火花,从而让学生思考得更深刻,有效拓展学生思维的广度和深度.下面以"二次函数图像中线段和差最值的存在性问题"教学设计为例进行实践性的思考与总结,谈谈教学设计中的深度学习应呈现出什么样的状态,教学设计在建模学习的过程中能够发挥什么样的作用,建模学习是如何帮助学生进行深度学习的.

本次学习内容为初三数学复习课"二次函数图像中线段和差最值的存在性问题",要求学生能通过对具体情境问题的分析,体会函数变量之间的变化关系,探究发现几何中线段和差最值的转化与建模途径,培养学生综合运用知识解决二次函数相关问题的能力.

1. 提出问题

提出要探究的问题,引导学生寻找解决问题的数学模型,设计具有挑战性的问题,培养几何直观、运算与推理能力,建构知识,生成能力,迁移方法.

教学活动1 探究问题,画出对应的几何模型

问题1 抛物线 $y=2x^2-12x+16$ 与 x 轴交于 A、B 两点,与 y 轴交于点 C,顶点为 D,点 P 是该抛物线对称轴上的一个动点.如果△PAC 的周长最小,求点 P 的坐标.

解析 如图1,根据对称性有 $PA=PB$,求出直线 BC 的解析式为 $y=$

$-4x+16$,所以点 $P(3,4)$.

设计意图 找出点 A 关于直线 $x=3$ 的对称点 B,依据"两点之间线段最短"揭示此类求线段和最小值题目的本质特征,为学生解决后续问题铺设台阶,有效提升学生的识图建模能力.

2. 变式探究

在不改变知识本质特征的前提下,变换其非本质特征,引导学生在动态变化的情境中强化对本质特征的理解,将已有的知识迁移到动态的情境中,理解数学模型的价值,探究真问题,拓展数学思维的深度和广度.

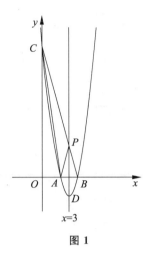

图 1

教学活动 2 梳理数学模型,寻求问题 1 与变式问题的内在联系

变式 1 抛物线 $y=2x^2-12x+16$ 与 x 轴交于 A、B 两点,与 y 轴交于点 C,顶点为 D,抛物线上点 E 的横坐标为 5,点 $F(m,0)$ 是 x 轴上的一个动点,当 $FC+EF$ 的值最小时,求 m 的值.

解析 如图 2,作点 E 关于 x 轴的对称点 E',连接 CE' 交 x 轴于点 F,求出直线 $CE': y=-\dfrac{22}{5}x+16$,所以 $F\left(\dfrac{40}{11},0\right)$.根据两点间线段最短,$FC+EF=FC+E'F=CE'$,此时 $FC+EF$ 的值最小,$m=\dfrac{40}{11}$.

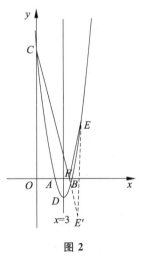

图 2

变式 2 抛物线 $y=2x^2-12x+16$ 与 x 轴交于 A、B 两点,与 y 轴交于点 C,顶点为 D,点 $G(0,n)$ 是 y 轴上的一个动点,求线段 GD 与 GA 中较长的线段减去较短的线段的差的最小值与最大值,并求出相应的 n 的值.

解析 如图 3,当 A、G、D 三点在一条直线上时,$|GD-GA|=AD$.直线 $AD: y=-2x+4$,此时 $G(0,4)$,所以 $n=4$.当 $G'D-G'A=0$,即 $G'D=G'A$ 时,$|G'D-G'A|$ 有最小值 0.此时 AD 的垂直平分线 $G'E: y=\dfrac{1}{2}x-\dfrac{9}{4}$,

$G'\left(0,-\dfrac{9}{4}\right)$,所以 $n=-\dfrac{9}{4}$.

变式 3 抛物线 $y=2x^2-12x+16$ 与 x 轴交于 A、B 两点,与 y 轴交于点 C,顶点为 D,点 K 是 OC 的中点,一个动点 Q 从点 K 出发,先经过 x 轴上的点 M,再经过抛物线对称轴上的点 N,然后返回点 C,如果动点 Q 走过的路程最短,请找出点 M、N 的位置,并求出最短路程.

解析 如图 4,根据对称性分别找出点 K、C 的对称点 K'、C',连接 $K'C'$,分别交 x 轴于点 M,交直线 $x=3$ 于点 N,动点 Q 的最短路程为 $s=KM+MN+CN=K'M+MN+C'N=K'C'$.可求出 $C'(6,16)$、$K'(0,-8)$,所以最短路程 $s=6\sqrt{17}$.

设计意图 问题 1 及变式强化了学生对数学模型的认识和积累.通过寻找对称点,求解线段和、差最值问题,掌握方法与策略,再通过变式训练,使学生真正能知其然,更知其所以然.学生经历化繁为简、转难为易的深度思考,学会在新情境中运用新结论解决问题,深度学习的雏形初现.

3. 拓展提升

设计思维清晰的系列问题,引导学生感知求解方法是建立在数学模型基础上的.通过对比上述建模解题的方法,积累经验,引发学生深入思考,真正将其内化,实现由低阶思维走向高阶思维.

问题 2 如图 5,已知一条直线与抛物线 $y=\dfrac{1}{4}x^2$

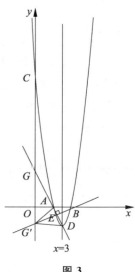

图 3

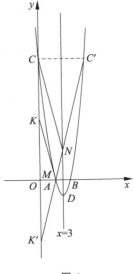

图 4

相交于 A、B 两点,其中点 A、B 的横坐标分别是 -2 和 8.

(1)求这条直线的函数表达式;

(2)如图 6,设直线 AB 分别与 x 轴、y 轴交于点 D、E,点 F 为 OD 的中点,将线段 OF 顺时针旋转角度 α 得到 $OF'(0<\alpha<90°)$,连接 DF'、EF',求 $DF'+\dfrac{1}{3}EF'$ 的最小值.

解析　(1) 标出点 $A(-2,1)$、$B(8,16)$,直线 AB 解析为 $y=\dfrac{3}{2}x+4$.

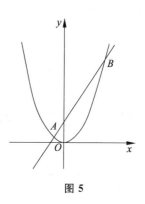

图 5

(2) 取 $G\left(0,\dfrac{4}{9}\right)$,连接 $F'G$,解出 $D\left(-\dfrac{8}{3},0\right)$、$E(0,4)$、$F\left(-\dfrac{4}{3},0\right)$.因为 $\dfrac{OF'}{OG}=\dfrac{OE}{OF'}$,又 $\angle F'OG=\angle EOF'$,所以 $\triangle OF'G\backsim\triangle OEF'$,有 $F'G=\dfrac{1}{3}EF'$.

当 D、F'、G 三点在一条直线上时,$DF'+\dfrac{1}{3}EF'$ 的值最小,值为 $DG=\sqrt{\left(\dfrac{8}{3}\right)^2+\left(\dfrac{4}{9}\right)^2}=\dfrac{4}{9}\sqrt{37}$.

设计意图　拓展深化一类数学问题,引导学生明晰数学方法的多样性,体验利用构造相似三角形的手段,巧妙转化线段 $\dfrac{1}{3}EF'$ 的长度,类比迁移,优化求解线段和最小值的方法.学生经历建模转化的过程,体会其中的数学思想方法,形成数学的思维方式.

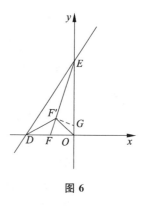

图 6

4. 延伸升华

《义务教育数学课程标准》(2011 年版)指出:"真正理解和掌握基本的数学知识与技能、数学思想和方法,得到必要的数学思维训练,获得广泛的数学活动经验."深入思考问题本质,深层次思考成为建模探究的必然之需.

教学活动 3　理解模型,感悟思想

问题 3　如图 7,已知一次函数 $y=x+3$ 的图像与 x 轴、y 轴分别交于 A、B 两点,抛物线 $y=-x^2+bx+c$ 过 A、B 两点,且与 x 轴交于另一点 C.

(1) 求 b、c 的值.

(2) 点 D 为 AC 的中点,点 E 在线段 BD 上,且 $BE=2ED$,连接 CE 并延长交抛物线于点 M,求点 M 的坐标.

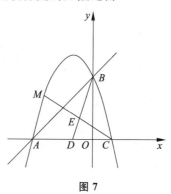

图 7

（3）将直线 AB 绕着点 A 按逆时针旋转 $15°$ 后交 y 轴于点 G，连接 CG.如图 8，P 为 $\triangle AOG$ 内一点，连接 PA、PC、PG，分别以 AP、AG 为边在它们的左侧作等边三角形 APR、等边三角形 AGQ，连接 QR.

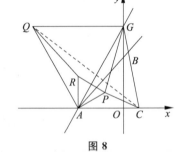

图 8

① 求证：$PG = RQ$；

② 求 $PA + PC + PG$ 的最小值.

解析 （1）$b = -2, c = 3$.（2）直线 CE：$y = -\dfrac{3}{5}x + \dfrac{3}{5}$，所以 $M\left(-\dfrac{12}{5}, \dfrac{51}{25}\right)$.（3）$\triangle PAG \cong \triangle RAQ$，$PG = PQ$.连接 CQ，$PA + PC + PG = PR + PC + QR \geqslant CQ$，所以当 C、P、R、Q 四点共线时，$PA + PC + PG$ 有最小值.求出 $Q(-6, 3\sqrt{2})$，$CQ = PA + PC + PG = 2\sqrt{19}$.

设计意图 问题 3 为学生提供多角度、多层次的探究空间，从绕旋的角度发现 $\triangle PAG \cong \triangle RAQ$，将问题 2 的解法自然迁移至此，教学设计环环相扣，层次分明，思维训练指向核心问题.

5. 教后反思

5.1 建模构造，积累策略

合作式建模学习方式，能促使学生集思广益，找到解决问题的最优策略（图 9）.本课例以一个二次函数最值问题为中心，让学生在教师设置的变式问题的引导下，建构基本几何模型，依靠已有的知识经验和思维实践活动主动解决问题，以达到培养学生发现问题、养成探究的习惯与态度的目的.

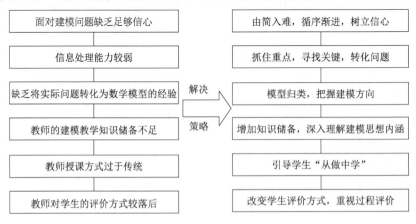

图 9

5.2　分解模型,正向迁移

将要解决的问题抽象分解出基本模型,从而得到解决问题的方法.例如,如何破题,如何分享解题思路,有几种解题方法,其中蕴含的数学思想方法是什么,题目的易错点在哪里等.在分解模型的过程中,引导学生学会对重点问题、难点问题深入思考,充分打开思维,对问题进行深度剖析.通过一题多解、多题一解,学生的思维充分碰撞,闪现出创造的火花,创新意识、归纳总结能力得到有效提升,知识网络得到有效建构;学生学会思考、表达、耐心倾听,处理信息和反思评价的能力得到提高,思考也向纵深发展.

5.3　强化意识,提升素养

倡导独立思考后的小组合作,采用"完整经历数学模型的抽象过程",积累二次函数背景下线段和差最值问题的学习经验,强化学生的模型意识.在建模活动完成后,教师要引导学生进行总结,将数学模型内化,使其成为解决问题的一种方法,通过了解和经历解决实际问题的全过程,促进模型思想的渗透(图10).

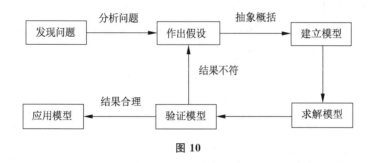

图 10

"学的真谛在于悟",通过变式拓展问题,解析数学模型,深度学习,解决问题,揭示线段和差最值问题的内在规律.感悟情境变化了,但几何图形的基本性质和解决问题的方法没有变化.学生在发现、辨析、反思中领悟数学模型的认知策略,提升学习数学的能力.

❈ 一题多解　类比探究　构建思维
——一类含 $45°$ 角的几何问题的探究

数学核心素养是具有数学基本特征的适应个人终身发展和社会发展需要的人的关键能力与思维品质,包括数学抽象、逻辑推理、数学建模、直观想象、数学运算和数据分析.课堂教学中,深入挖掘教材,把握旧知识与新知识的联系,通过一题多解、变式拓展,彰显方法背后蕴藏的数学思想,领悟处理问题每个环节所蕴含的数学思维价值,升华学生的思辨推理能力.

罗增儒教授曾讲过:"数学解题有四步骤:记忆模仿、变式练习、自发领悟、自觉分析."其中,自发领悟的要求较高,是对解题内蕴的深层结构进行剖析,从感性层面到理性层面认识问题的本质特征,从而学会分析,达到融会贯通的学习效果.下面以一道45°角为研究重点的习题为例进行变式和拓展,以期抛砖引玉.

1. 提出问题,一题多解

一题多解可以探究事物的数量关系和变化规律.对一类正方形背景下的
45°角的几何问题的类比联想进行深入探究,可以适时引导学生进行联想、分析,在类比中学会思考,培养探究能力,避免思维定式.

问题 如图1,正方形 $ABCD$ 中,点 E、F 分别在边 AB、BC 上,$AB=9$,$FC=2BF$,连接 CE、AF,交于点 G,且 $\angle AGE=45°$,求 CE 的长.

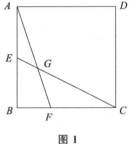

图 1

解法一 如图2,过点 A 作 $AM /\!/ CE$ 交 CD 于点 M,连接 FM,延长 CB 至点 N 使 $BN=DM$,连接 AN,证 $\mathrm{Rt}\triangle ADM \cong \mathrm{Rt}\triangle ABN$,$\angle NAF = \angle FAM=45°$,证 $\triangle AFN \cong \triangle AFM$,所以 $FM=NF=BF+NB=BF+DM$.设 $CM=x$,则 $DM=9-x$,$FM=3+(9-x)=12-x$. $\mathrm{Rt}\triangle CFM$ 中,$x^2+6^2=(12-x)^2$,求出 $x=\dfrac{9}{2}$,所以 $AE=\dfrac{9}{2}$,$BE=\dfrac{9}{2}$,$CE=\dfrac{9}{2}\sqrt{5}$.

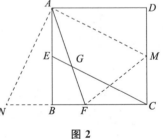

图 2

解法二 如图3,过点 C 作 $CH \perp AF$ 于点 H,过点 F 作 $FK \perp EC$ 于点 K,有等腰 $\mathrm{Rt}\triangle GFK$、等腰 $\mathrm{Rt}\triangle GHC$,所以 $\tan\angle FCH=\tan\angle FAB=\dfrac{1}{3}$,$FH=$

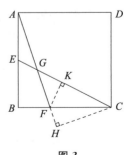

图 3

$\dfrac{6}{\sqrt{10}}=\dfrac{3}{5}\sqrt{10}$，$HC=\dfrac{9}{5}\sqrt{10}$，$FG=2FH=\dfrac{6}{5}\sqrt{10}$，$FK=\dfrac{\sqrt{2}}{2}FG=\dfrac{6}{5}\sqrt{5}$，$CK=$

$\dfrac{12}{5}\sqrt{5}$．又 $\dfrac{CK}{CF}=\dfrac{BC}{CE}$，所以 $CE=\dfrac{9}{2}\sqrt{5}$．

解法三　如图 4，连接 AC，过点 F 作 $FH\perp AC$ 于点 H，$\angle1+\angle2=\angle3+\angle4=\angle2+\angle3=45°$，所以 $\angle1=\angle3$，$\angle2=\angle4$，$\tan\angle1=\tan\angle3=\dfrac{1}{3}$．又 $FC=$

6，$FH=HC=3\sqrt{2}$，$AH=6\sqrt{2}$，所以 $\tan\angle2=$

$\tan\angle4=\dfrac{1}{2}$，$BE=\dfrac{9}{2}$，$EC=\dfrac{9}{2}\sqrt{5}$．

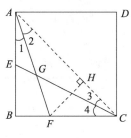

图 4

解法四　如图 5，连接 AC，过点 E 作 $EH\perp AC$ 于点 H．同解法三得 $\tan\angle1=\tan\angle3=\dfrac{1}{3}$．设 $EH=$

x，则 $HC=3x$，$AC=4x=9\sqrt{2}$，所以 $x=\dfrac{9}{4}\sqrt{2}$．

$\text{Rt}\triangle CEH$ 中，$CE=\sqrt{10}\,x=\dfrac{9}{2}\sqrt{5}$．

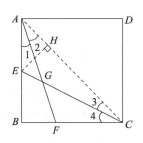

图 5

解法五　如图 6，过点 A 作 $AM\parallel EC$ 交 DC 于点 M．同解法三，有 $\tan\angle DAM=\tan\angle ECB=\dfrac{1}{2}$，所以 $DM=\dfrac{9}{2}$，有 $\square AECM$，所以 $AE=MC=\dfrac{9}{2}$，

$\text{Rt}\triangle BCE$ 中，$BE=\dfrac{9}{2}$，$EC=\dfrac{9}{2}\sqrt{5}$．

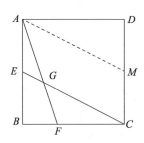

图 6

解法六　如图 7，延长 CE，过点 A 作 $AH\perp CE$ 于点 H，证 $\angle HAE+\angle BAG=45°$．同解法三，证 $\tan$

$\angle HAE=\tan\angle ECB=\dfrac{1}{2}$，$\text{Rt}\triangle BCE$ 中，$BE=$

$\dfrac{9}{2}$，$EC=\dfrac{9}{2}\sqrt{5}$．

这类问题为什么要这样解？这六种解法是否触及了数学的本质？每种解法背后蕴藏了怎样的数学观点、数学思想方法？通过解法剖析，挖

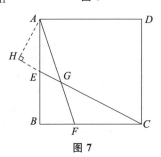

图 7

掘正方形背景下一类 45°角问题的横向联系,发展学生的多向性思考方式;对几何习题的条件变化进行变式探究,积累经验,逐步完善学生的知识结构,培养学生举一反三的数学学习能力.

2. 变式问题,意义建构

对问题进行等价转换,把问题情境放置在三角形中,探索不同问题之间的内在联系,化未知为已知,迁移方法,培养学生灵活的思维能力,培育学生数学抽象、逻辑推理、数学运算等核心素养.

变式 如图 8,$\triangle ABC$ 中,$\angle C=90°$,点 F 在 BC 上,且 $BF=AC$.点 E 在 AC 上,且 $AE=CF$,AF 与 BE 相交于点 P,求证:$\angle BPF=45°$.

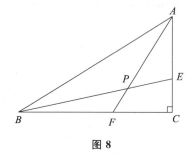

图 8

解法一 如图 9,作 $DB\perp BC$ 于点 B,取 $BD=FC$,连接 DF、AD,证得 $Rt\triangle BDF\cong Rt\triangle CFA$,有 $DF=AF$,证等腰 $Rt\triangle DFA$,$BD\parallel AE$ 且 $BD=AE$,有 $\square DBEA$,$DA\parallel BE$,$\angle BPF=\angle DAF=45°$.

解法二 如图 10,作 $DF\perp BC$ 于点 F,取 $FD=FC$,连接 BD、DE.证 $Rt\triangle BFD\cong Rt\triangle ACF$,有 $DF=FC=AE$,$BD=AF$,证 $\square AFDE$,有 $AF\parallel DE$,$AF=DE$,所以 $BD=DE$,有等腰 $Rt\triangle BDE$,所以 $\angle BED=\angle BPF=45°$.

将方法吃透并合理类比迁移,变式问题,类比正方形中 45°角的处理方法,将新问题迁移过渡到三角形中,挖掘 45°角一类问题中的核心知识点,深刻理解转化思想,将关联信息从一般转化为特殊,构建几何模型,最终探索出一条科学合理的解题思路.

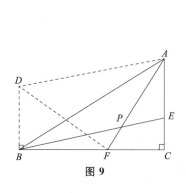

图 9

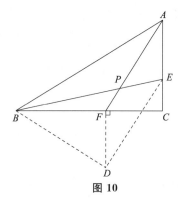

图 10

3. 深化问题,一般化结论

通过特殊问题一般化,寻求这类问题的一般规律,掌握一题、通一类,把握问题的内在联系.熟练运用一般化与特殊化协同解决数学问题的思考方法,设计深化拓展问题,在学生已有的知识与需要学习的新内容之间架设一座桥梁,帮助学生更有效地同化、理解数学学习内容.

拓展　如图 11,梯形 $OABC$,其中 $OA \parallel BC$,且 $OA = 4$,$OC = \sqrt{5}$,$BC = 1$,$AB = 2\sqrt{2}$,$\angle COD = 45°$,求 AD 的长.

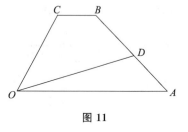

图 11

解法一　如图 12,延长线段 OC、AB 相交于点 G,$\triangle GCB \backsim \triangle GOA$,$GC = \dfrac{\sqrt{5}}{3}$,$BG = \dfrac{2}{3}\sqrt{2}$,证 $\angle COD = \angle A = 45°$,$\triangle GOD \backsim \triangle GAO$,所以 $GO^2 = GD \cdot GA$,即 $\left(\dfrac{4}{3}\sqrt{5}\right)^2 = GD \cdot \dfrac{8}{3}\sqrt{2}$,求出 $GD = \dfrac{5}{3}\sqrt{2}$,所以 $AD = \sqrt{2}$.

解法二　如图 13,连接 OB,证 $\angle OBA = 90°$,$\angle COD = 45°$,所以 $\angle COD = \angle BOA = 45°$,有 $\angle COB = \angle DOA$,又 $\angle CBO = \angle A = 45°$,所以 $\triangle BCO \backsim \triangle ADO$,$BO = 2\sqrt{2}$,又 $\dfrac{BC}{AD} = \dfrac{BO}{AO}$,所以 $\dfrac{1}{AD} = \dfrac{2\sqrt{2}}{4}$,$AD = \sqrt{2}$.

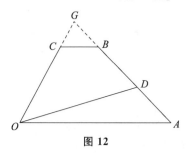

图 12

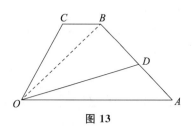

图 13

解法三　如图 14,延长线段 AO 至点 F,使 $OF = 1$,连接 CF,过点 C 作 $CE \perp AF$ 于点 E.构造等腰 $\mathrm{Rt}\triangle CEF$,所以 $\angle CFO = 45°$,有 $\angle COD = \angle CFO = 45°$,所以 $\angle FCO = \angle DOA$,证

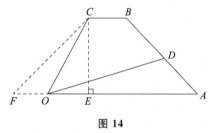

图 14

$\triangle COF \backsim \triangle ODA$, $\dfrac{OF}{AD}=\dfrac{FC}{OA}$, $\dfrac{1}{AD}=\dfrac{2\sqrt{2}}{4}$, 求得 $AD=\sqrt{2}$.

设计深化的系列变式问题,不断变换知识的非本质特性,让新知识和学生已有的方法经验建立有意义的关联.合理转化梯形问题背景下的 $45°$ 角,在拓展变化的过程中突出知识的关键属性,展现数学知识间的纵横联系,构造相似三角形或直角三角形,展现知识的发生和发展过程,使学生了解知识的发生过程,理清知识的发展脉络,从而有助于掌握一般方法的有意义联系.

在问题解决的教学中,尝试变式拓展问题、一题多解、类比探究,不仅能激发学生学习数学的兴趣,还能丰富解题方法,使学生举一反三、触类旁通,认清问题本质,深化对问题本质的理解,收到事半功倍的效果,有效提升学科素养.

悟"数"想"形",归"本"求"真"

——"二次函数与一元二次方程"课例的教学设计与反思

探索数学的本质是数学教学的真谛,学生经历探究过程,感悟知识的发现发生过程,揭示数学本质才是数学教学的灵魂所在.在日常教学中,教师应回归教材,在理解教材的基础上,精心设计问题情境,基于学生的思维生成、拓展新问题,通过剖析问题本质,唤醒学生辩证认识"数"与"形"的内在联系,通过变式问题引导学生自觉探究思辨,生成经验.下面结合具体教学案例谈谈新授课中尝试引导学生感悟问题本质,获得认知数学方法的一些理解.

1. 教学分析

1.1 教材解析

教学内容为苏科版数学九年级(上)第五章第四节"二次函数与一元二次方程"(第1课时).二次函数是初中数学教学的重难点,本课时借助二次函数图像解决一元二次方程求根问题,其方法比较抽象,要求学生积累抽象函数本质特征所需的知识和经验,会用数形结合的方法解决问题.本节课揭示了方程、函数、不等式之间的内在联系,为后面阶段高中数学学习起着承前启后的桥梁作用.

1.2 学情分析

九年级学生接受能力较强,思维活跃,具备一定的数学探究活动经历.同时,学生已经掌握了不同类型的方程的解法及其应用,掌握了研究函数的图像和性质以及函数的应用的一般方法,具有较强的推理分析能力,为顺利完成本课学习打下了扎实的基础.从学生有待于提高的知识和技能来看,尝试通过探索函数与方程的关系,感受"对立统一"的唯物辩证法,通过由图像求方程的根的探索活动,培养学生"数形结合"探讨问题的研究能力.

1.3　教学目标

(1)理解二次函数与 x 轴交点的个数与一元二次方程的根的个数之间的关系;

(2)能够根据二次函数的图像与 x 轴的交点情况判断相应的一元二次方程根的情况;

(3)理解二次函数、一元二次方程之间的相互联系,用对立统一的辩证观点体会数形结合思想的应用.

1.4　教学重点

应用一元二次方程根的判别式及求根公式,对二次函数图像进行再研究,并结合二次函数图像加以记忆,基于"形"的视角,理解二次函数和一元二次方程的内在联系,学会从二次函数图像深度理解一元二次方程根的几何特征.

2. 教学设计简析

2.1　知识连接点处,明晰概念

教育价值是教学设计的灵魂,也是教学逻辑的起点,提出一次函数与一元一次方程的辨析反思问题.在困惑思辨中,引导学生产生疑问,产生认知冲突,提出的问题从字母 x 表示的意义入手,问题驱动思考,直击数学本质,即函数研究变量 x 与 y 的对应关系,方程研究未知量与已知量之间的相等关系,求方程的解.

问题 1　画一次函数 $y=\dfrac{1}{2}x+2$ 图像,观察并思考:

(1)一次函数 $y=\dfrac{1}{2}x+2$ 与一元一次方程 $\dfrac{1}{2}x+2=0$ 中字母 x 的含义有什么不同?

(2)一次函数 $y=kx+b(k\neq0)$ 与关于 x 的一元一次方程 $kx+b=0(k\neq0)$ 分别建立了哪些量之间的关系? 它们各自考虑问题的出发点有什么不同?

(3)一次函数与一元一次方程之间存在什么联系?

解析 (1)一次函数研究变量 x、y 的关系,一元一次方程研究求解未知数 x.(2)当一次函数 $y=0$ 时,$kx+b=0$,方程的解 $x=-\dfrac{b}{x}$ 对应的 y 值为 0.(3)一次函数与一元一次方程可以互相转化:一元一次方程就是一次函数图像与 x 轴的交点方程;当一次函数值为 0 时,求函数自变量 x 值,即为解一元一次方程.

教后反思 一次函数中 x 表示未知数,函数刻画的是变量 x、y 的变化规律,方程寻求的是相等关系下未知数与已知量之间的数量关系,即方程的解.在概念辨析中挖掘研究对象的问题价值,尊重学生的认知,围绕学习目标,关注思维价值.问题 1 起点低、坡度缓,较好地体现了函数、方程与不等式之间的关系,突出了新课标注重基础、关注联系与综合的特点.

2.2 经验连接点处,经历转化

通过类比一次函数与一元一次方程,巧妙过渡,顺理成章地运用数形结合的方法,分别研究二次函数 $y=x^2-2x-3$、$y=x^2-2x+1$、$y=x^2-2x+2$ 图像与 x 轴交点坐标和分别相对应的一元二次方程 $x^2-2x-3=0$、$x^2-2x+1=0$、$x^2-2x+2=0$ 的根的情况,从学生已有的认知和活动经验出发,化复杂为简单,化未知为已知,用数形结合的方法,即抛物线与 x 轴交点的个数来判定相对应的一元二次方程解的情况,从整体关联的视角认识一元二次方程与二次函数的联系.

问题 2 分别在三个平面直角坐标系中画出二次函数 $y=x^2-2x-3$、$y=x^2-2x+1$、$y=x^2-2x+2$ 的图像,观察并思考:

(1)分别判断一元二次方程 $x^2-2x-3=0$、$x^2-2x+1=0$、$x^2-2x+2=0$ 根的情况.

(2)你能利用图像解析一元二次方程的根的不同情况吗?

(3)二次函数 $y=ax^2+bx+c(a\neq0)$ 的图像和 x 轴交点的坐标与关于 x 的一元二次方程 $ax^2+bx+c=0(a\neq0)$ 的根有什么关系?

解析 (1)分别计算根的判别式 Δ.(2)鉴别关注抛物线与 x 轴交点的个数.(3)$\Delta>0$ 时,分别对应该一元二次方程有两个不相等的实数根;$\Delta=0$ 时,有两个相等的实数根;$\Delta<0$ 时,没有实数根.

教后反思 判断一元二次方程根的情况,引导学生思考是怎么想到利用图像法判断的,为什么要这样,是否一定要这样,是否有方法层面比较后的思考.引导学生自主建构,增强学生的应用意识,同时把数形结合思想反映得淋漓尽致,数学课堂知识、方法、结构如图 1 所示.

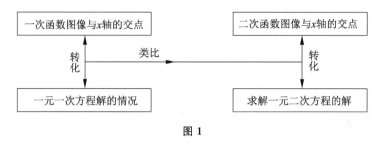

图 1

2.3　数形结合,优化思维

看"形"思"数",见"数"想"形".把握学生思维的切入点,启发学生自己画出抛物线并观察思考,确定二次函数 y 值的非负性,关键取决于对 $y=ax^2+bx+c$ 中的系数 a 的符号判定及 $\Delta=b^2-4ac$ 的值,在分类讨论中,真正理解一元二次方程根的几何意义,实质就是以"数"化"形",尝试从函数内部特征挖掘出有价值的新问题,揭示函数、方程之间的联系.

问题 3　已知二次函数 $y=ax^2+bx+c(a\neq0)$ 及其分别对应的图像,对称轴为直线 $x=3$.

(1) 观察三个图像(图 2、图 3、图 4),设 $y=0$,抛物线上纵坐标为 0 的点分别在哪里?你能解关于 x 的一元二次方程 $ax^2+bx+c=0$ 吗?如图 4,若关于 x 的一元二次方程 $ax^2+bx+c-m=0$ 有两个不相等的实数根,求 m 的取值范围.

(2) 类比上述问题,请提出新问题探究讨论.

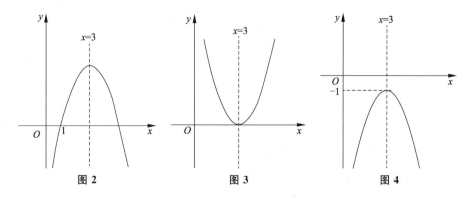

图 2　　　　　**图 3**　　　　　**图 4**

解析　(1) 如图 4,当 $x=3$ 时,$y_{\max}=-1$,即 $m<-1$,也可转化为 ax^2+

$bx+c=m$,从抛物线 $y=ax^2+bx+c$ 与直线 $y=m$ 的交点入手,研究交点坐标的意义,也可通过平移抛物线 $y=ax^2+bx+c-m$ 讨论 m 的取值范围. (2)此问题也可变式为:关于 x 的一元二次方程 $ax^2+bx+c-m=0$ 有实数解,求 m 的最大值.

教学反思 读懂图中的有效信息,展开对比式训练,拉近点状知识间的距离,寻找不同问题之间的内在联系,让学生感悟研究问题的方法不变性.从函数、方程、不等式的角度,让学生在自然的探究活动中体会其内涵,以及在由浅入深、由易到难、循序渐进的设计中,让学生整体感受到其内在联系,"类比"和"抽象"的思想也得到了自然渗透.

2.4 沉淀思维,提炼方法

变式问题,螺旋式递进,设计抛物线 $y=x^2-4x+k+2$ 与 x 轴交点问题的变化,引发学生思考,依据条件,尝试构造图形,由"形"的直观性变为"数"的严密性,巧妙转化,探求结论,以"数"化"形"和以"形"变"数"相结合,关注在探究活动中生成的问题,聚焦在解决问题时学生产生的疑惑.

问题 4 已知二次函数 $y=x^2-4x+k+2$,若该二次函数的图像与 x 轴有公共点,求 k 的取值范围.

变式 1 k 为何值时,该二次函数的图像与坐标轴有两个交点?

变式 2 k 为何值时,该二次函数的图像与 x 轴两交点间的距离为2?

变式 3 k 为何值时,该二次函数的图像顶点到 x 轴的距离为2?

拓展 1 若二次函数 $y=x^2-4x+k+2$ 的值恒大于零,求 k 的取值范围.

拓展 2 k 为何值时,抛物线 $y=x^2-4x+k+2$ 与直线 $y=x-1$ 只有一个交点?

解析 由 $\Delta \geqslant 0$ 有 $k \leqslant 2$.变式 1,$k=-2$ 或 2.变式 2,$k=1$.变式 3,$k=4$ 或 0.拓展 1,$k>2$.拓展 2,$k=\dfrac{13}{4}$.

教学反思 由抛物线 $y=x^2-4x+k+2$ 与 x 轴交点问题的讨论,拓展到该抛物线与直线 $y=x-1$ 交点问题的研究,再次强化逐步分解问题,关注解决问题的方法策略,即抛物线与 x 轴有无交点,怎样通过交点问题研究一元二次方程的解,让学生对数学问题的理解逐步深刻,由低阶思维走向高阶思维,思维训练拾级而上.

2.5 延伸探究,巩固提升

深度学习是一个由薄到厚,再由厚到薄的再创造过程,在明晰求解一元二次方程的基础上,类比相关概念,寻找解决问题的突破口,正确理解抛物线与 x 轴交点所对应的一元二次方程解的内在联系.

问题 5 函数 $y=ax^2+bx+c(a\neq0)$ 与 $y=x$ 的图像如图 5 所示,以下结论正确的是_____:

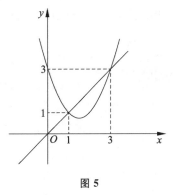

图 5

① $b^2-4c>0$;

② $b+c+1=0$;

③ $3b+c+6=0$;

④ 当 $1<x<3$ 时,$x^2+(b-1)x+c<0$.

解析 ③④.

问题 6 已知点 $A(1,1)$ 在二次函数 $y=x^2-2ax+b$ 的图像上.

(1)用含 a 的代数式表示 b;

(2)如果该二次函数的图像与 x 轴只有一个交点,求这个二次函数的图像的顶点坐标.

解析 (1)$b=2a$.(2)$y=x^2-2ax+2a$.当 $a=0$ 时,$y=x^2$,顶点为$(0,0)$,$\Delta=4a^2-8a=0$;当 $a=2$ 时,$y=x^2-4x+4$,顶点为$(2,0)$.

教学反思 通过延伸探究,整合函数知识体系,强化对方程求解问题表征的理解.充分利用抛物线、直线的性质和几何意义,把"形"正确表示成"数",然后进行推理计算,优化重组原有知识结构.

3. 教学反思

3.1 从溯源开始,揭示本质

本课例从分析函数图像上特殊点对应的坐标特征入手,从学生已有的函数认知水平出发,由浅入深,由表及里,寻求一元二次方程的解,类比抽象出一般方法,引导学生深刻理解由函数图像生成求方程根的方法,领悟二次函数图像与 x 轴交点的结构关系本质,问题设计层次感强,探究路径清晰,既重视数学知识阶段学习的梳理与归纳,也注重学生数学思维的启发和点拨,突出了严谨的推理能力和理性思维能力.

3.2 从"双基"向"四基"转变,问题引领探究过程

义务教育课程目标强化了课堂学习要发展学生的能力性目标.本课例的问题设计从一次函数与一元一次方程的联系类比到二次函数与一元二次方程的联系,迁移方法,在学生认知困惑处设疑问难,深刻理解二次函数的图像和性质,梳理特殊点的坐标与方程解的对应关系,探究出函数、方程、不等式三者之间的内在联系.问题的设计遵循启发性原则,通过类比问题,让学生经历数学知识的发展、发生过程,在有效探究活动中,让学生深刻体会一般与特殊、数形结合、转化等数学思想,抽丝剥茧般的问题串驱动学生综合所学的知识理解函数思想、方程思想,分析和解决问题,提升了学生的数学素养.

3.3 从"理解教学"入手,有效衔接"教"与"学"

本课例关注教学内容"数"与"形"相结合的特点,关注学生对函数图像的认知现实,注重学生的自主探究与教师引导的相互渗透和互相促进,基于抛物线与 x 轴交点形态设计问题,通过平移抛物线变化交点坐标位置,深化问题,拓展思维空间,引导学生学会自主探究二次函数图像与 x 轴交点的几何特征,学会转化,学会从"数"与"形"的视角深刻理解二次函数与一元二次方程之间的横向联系,掌握从函数图像的视角求方程解的方法,深刻理解一元二次方程的根可能出现不同情况的原因,并提炼出关于一元二次方程的根可能出现情况的几何形态的解释,教学设计循序渐进,问题引领下的"学"更具研究性和发展性,提升了学生的研究能力.

本课例以数学知识的发展过程和学生认知发展的心理过程为主线,构建了过程性的探究活动,学生在建构数学知识的过程中学会发现和分析问题,在思考、交流、发现、理解中剖析问题本质,学会借助"形"的几何直观性来刻画"数"之间的某种数量关系,深刻理解"以形助数"或"以数解形"的内涵,使复杂问题简单化、抽象问题具体化,开阔了学生的思维视野.

❀ 数学是人类的一种文化

接下来,我们一起领略几何学中一颗光彩夺目的明珠——勾股定理,悠久的历史文化延续着人类的智慧,阐述了数学的文化价值.千百年来,人们趋之若鹜去证明它.勾股定理被誉为几何学的基石.

1. 数形结合,完美奇妙

相传 2500 年以前,古希腊数学家毕达哥拉斯有一次在朋友家做客时,发现朋友家的地板很有趣,可以将四个全等的等腰直角三角形拼成一个正方形(图 1),并且等腰直角三角形两条直角边的平方和等于斜边的平方.

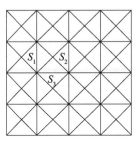 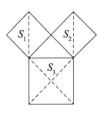

图 1

毕达哥拉斯陷入深思:上述等腰三角形的这一性质是否也是两直角边不相等的直角三角形所具有的性质呢? 是否可以从特殊到一般,去探究直角三角形的三边数量关系呢? 同样,我国古算书《周髀算经》中记载着"勾三股四弦五".推理计算,观察图 2,你能从数与形的完美结合中感悟数与形之间的内在联系吗?

2. 令出入相补,各从其类

专著《毕达哥拉斯命题》收录了 367 种证明勾股定理的方法.目前,估计已有 500 多种证法.我国清末数学家华蘅芳提供了 20 多种精彩的证法.我国古代数学家赵爽将正方形中的四个直角三角形涂上红色,把中间的正方形涂上白色,并把以弦为边的正方形称为弦实(图 3),然后经拼补搭配,令出入相补,各从其类,从而说明所有的直角三角形都满足:勾^2＋股^2＝弦^2.从图 3

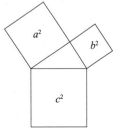

图 2

中可以抽象出图 4 的四个直角三角形拼图模型,同学们可由观察、猜想到归纳证明,结合图 5、图 6 特征可采用"割"和"补"的数学方法证明.你能体会到几何证明方法的多样、灵活和美丽吗?

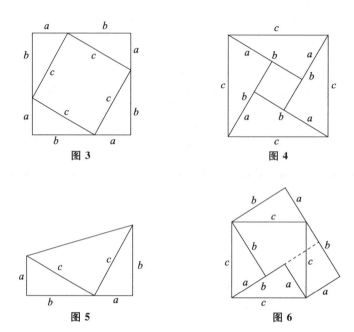

图 3　　　　　图 4

图 5　　　　　图 6

3. 以数示形,以形思数

一个三角形满足什么条件时,才是直角三角形? 古埃及人用 13 个等距的结把一根绳子分成等长的 12 段,一个工匠同时握住绳子的第 1 个结和第 13 个结,两个助手分别握住第 4 个结和第 8 个结,拉紧绳子,就会得到一个直角三角形,其直角在第 4 个结处.传说我国古代大禹治水时也用类似的方法确定直角.

先画特殊的勾股数 3、4、5,5、12、13 等,再研究一般情形.如图 7,在 $\triangle ABC$ 中,已知 $a^2+b^2=c^2$,$\triangle ABC$ 是否为直角三角形? 先画 $\text{Rt}\triangle A'B'C'$,使 $\angle C'=90°$,取 $B'C'=a$,$A'C'=b$,如图 8,再根据勾股定理证明 $A'B'^2=a^2+b^2$,再用"边边边"证明 $\triangle ABC\cong\triangle A'B'C'$,所以 $\angle C=90°$.要证明一个图形的某种性质,可先构造具有这种性质的图形,再证明它与已知图形是"同样的",这种证明方法称为"同一法".通过认识"同一法",你是否能感悟到勾股定理中蕴含的丰富数学思想和文化呢?

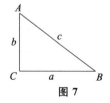

图 7

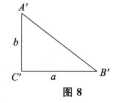

图 8

4. 学以致用,转化方程

下面一起欣赏 12 世纪著名数学家波什迦罗的歌谣:波平如镜一湖面,半尺高处出红莲;亭亭多姿湖中立,突遭狂风吹一边;红莲斜卧水淹面,距根生处两尺远;渔翁发现忙思考,湖水深浅有多少? 如图 9,你能替渔翁计算出湖水有多深吗? 如果设水深为 x 尺,则 $AC=x$,$BC=2$,$DE=\dfrac{1}{2}$,列出方程 $\left(x+\dfrac{1}{2}\right)^2=x^2+$

图 9

2^2,解得 $x=3.75$(尺).这是将实际问题转化后,再用勾股定理列出方程进行计算.

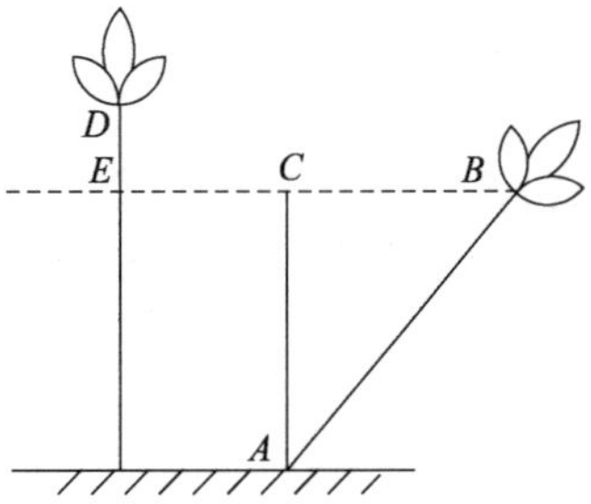

感受到数学证明的优美与精巧了吗? 感受到应用勾股定理解决问题后的喜悦与快乐了吗? 赶紧行动起来,我们一起携手走进勾股定理,一起感受它丰富的文化内涵.

2021 年 7 月 12 日,第十四届国际数学教育大会在华东师范大学拉开帷幕.这场全球数学教育界水平最高、规模最大的学术会议,50 年来首次在中国举办,是一场数学带给人类智慧的盛宴.数学是一种文化,也是中华文明的积淀和传承,为实现中华民族伟大复兴提供"精神钙质".

第6章

基于提升学生数学核心素养的初中数学
小组合作深度学习的研究

6.1 课题提出的背景和所要解决的主要问题

6.1.1 课题提出的背景

6.1.1.1 社会需要"全面发展的人"

社会的飞速发展和进步对教育提出了更高的要求,分数不再是衡量学生水平的唯一标准,在激烈的社会竞争中想要立于不败之地,必须依靠团队的力量.人们已经意识到合作意识、团队精神将成为一个人事业能否成功的关键,合作技巧的强弱成为制约个人发展与事业成功的重要因素.《教育部关于全面深化课程改革 落实立德树人根本任务的意见》中也提出了核心素养体系,明确学生应具备的适应终身发展和社会发展需要的必备品格和关键能力,更加注重自主发展、合作参与、创新实践.但在平时的教学中,虽然小组合作学习得到了教师的认可,并且有许多教师加入课改的行列,但是应试教育的思维仍然深入人心,尤其在初中数学课堂上,学生还是会通过大量的重复练习获得"高分","满堂灌"的教学方法仍最为常用,学生缺乏集体观念,不会沟通和交流,更谈不上培养合作意识和团队意识.小组合作学习恰好注重学生的相互支持和配合,在有效的沟通中逐渐营造相互信任的小团队——学习共同体,通过小组分工,实现互助共赢,提升小组的团队意识和学生的核心素养.

6.1.1.2 课程改革需要深入研究

作为一种广受赞誉的教学方法,小组合作教学近年来在一些学校开始实施,并取得了一定成效,但在实施过程中也呈现出许多值得探讨和商榷的问题.比如,小组合作教学虽然在初中数学教学中得到了一定的应用,但是大多数仅限于公开教学中,主要目的是展示给其他同行看,呈现出表演性的特征;又如,在进行小组合作教学中,学生不明确学习目标,一些基础较好和思维敏捷的学生在小组中起着主导作用,甚至完全成了主角,没有让所有同学的能力得到有效提升,学生缺乏合作意识,遇到挫折时推卸责任,缺乏责任担当意识;再如,教师在进行教学时,多方面的原因导致初中数学教学中实施小组合作学习存在诸多问题,需要我们深入研究探讨.

6.1.2　课题所要解决的主要问题

课题主要解决以下问题:

(1)解决数学教师对数学核心素养理解不够,促进其在课堂教学中有效渗透核心素养.

(2)促进学生合作交流能力、自主学习能力、创新能力的有效培养.

(3)了解初中数学课堂进行小组合作学习教学后对学生终身学习产生的影响.

(4)了解进行初中数学小组合作学习教学后对学生数学核心素养提升产生的影响.

(5)通过小组合作学习纠正和改进学生浅层次机械学习,从而进入深度学习.

6.2　概念界定

6.2.1　核心素养

核心素养是学生应具备的适应终身发展和社会发展需要的必备品格和关键能力,突出强调个人修养、社会关爱、国家情怀,更加注重自主发展、合作参与、创新实践;核心素养是最关键、最必要的共同素养,是适应于一切情境、所有人的普遍素养;核心素养是一种跨学科素养,强调各学科都可以发展,是对学生最有用的东西,是知识、技能、态度的综合表现.

6.2.2　数学核心素养

数学核心素养是具有数学基本特征、适应个人终身发展和社会发展需要的必备品格与关键能力,是数学课程目标的集中体现,是在数学学习过程中逐步形成的.数学核心素养包括数学抽象、逻辑推理、数学建模、直观形象、数学运算、数据分析六个方面,更一般的还包括学会学习、数学应用、创新意识等.从学习评价的角度看,数学核心素养主要体现在情境与问题、知识与能力、思维与表达、交流与反思的综合运用能力上.

6.2.3 数学深度学习

数学深度学习是指学生在理解数学的基础上进行数学基本知识、基本数学思想方法的学习.在学习的过程中,学生能评判性地学习新数学思想和知识,并重构学生原有的认识结构;学生能在众多的思想、知识间有效地提取,将已有的知识正迁移到新的情境中,从而解决遇到的数学问题.在这个过程中,学生通过主动的、理解的、批判的、创造性的数学学习,实现元认知能力、问题解决能力、批判性思维、创造性思维等的发展.

6.2.4 小组合作学习中的数学深度学习

小组合作学习是一种在学习过程中学生有明确分工、学习目标性强、学生之间互动互助性强的合作学习,特点是学生为学习的主体.在学生进行合作学习的过程中,合作精神和交往技能有较大提升;在学生进行合作探究的过程中,学生将所学的知识和技能用于解决实际问题,使得他们的批判性思维、创新能力得到有效提升,数学学习的深度有效深化.

6.2.5 基于提升学生数学核心素养的初中数学小组合作深度学习

通过学习内容呈现方式的改变发挥小组合作的优势,让学生真正成为学习的主体,在学生主动探究的过程中重现知识的发生过程,纵向加深对知识的理解,横向进行多学科的整合,让学生领悟数学的本质、学会数学抽象、建立数学模型、发展空间想象,在小组合作过程中培养合作交流能力和创造性思维.

6.3 研究目标

希望本研究能够在初中数学小组合作学习教学的各个环节中找出对小组合作学习有效利用从而提升学生数学核心素养的策略,构建出在小组合作学习过程中对初中学生自主学习能力、合作交流能力、创新能力进行有效培养的教学模式,为教育工作者在实际操作中更好地提升初中生数学核心素养提供相应的参考.通过研究,培养出一支具有先进教育理念和较高教科研水平的教师队伍,推进基于核心素养发展的教学改革,落实以人为本的素质教育理念,克服学科知识本位与教学中的短期行为,真正为学生的终身发展奠定基础.

6.4　研究内容

（1）调研：

① 初中数学教师核心素养、数学核心素养认识的调查与分析；

② 初中学生在数学学习中思维层次情况的调查与分析；

③ 核心素养判断研究.

（2）初中数学课堂教学方式的研究：

① 数学核心素养在小组合作学习中的有效渗透的途径和方法；

② 小组合作学习教学模式下发展学生合作交流能力、自主学习能力、创新能力的教学内容、教学方式、教学手段的研究；

③ 开展小组合作学习中数学深度学习的策略、途径的研究.

（3）开展小组合作学习的资源建设的研究：

① 制作苏科版初中数学部分章节的微课视频；

② 导学案有效设计的研究.

（4）开展数学深度学习的特色校本课程建设的研究.

（5）开展初中数学小组合作学习教学后学生核心素养渗透及小组合作深度学习的科学评价的研究.

6.5　研究措施

课题组认真学习小组合作教学的相关材料，树立顺应时代发展的教学观念，课题组成员分工明确，群策群力，扎根于课堂教学实践，及时将阶段性研究成果运用于实际教学，以检验研究成果，做到边研究边总结，边总结边修正，最终完成相关研究.

（1）以学生学习方式的改变为研究主题：

从初中数学课堂教学如何促进学生深度学习的角度研究初中生的数学学习方式的改变.

（2）以课堂教学方式的创新为研究重点：

以教师教学行为的改进和关注学生学习行为的研究为重心，改进教学方式，研究学习方式，构建学习共同体.以小组合作学习的形式推动深度学习方式,借助同伴竞争、同伴亲情、同伴互助,使学生在轻松愉悦的课堂教学氛围中学会、会学、乐学,保持持久的学习热情,鼓励学生大胆质疑,参与到生生互动中,思想碰撞,产生火花,学习走向深度,最终提升学生的数学学科素养和创造性的学习能力.

（3）以促进师生的共同发展为研究愿景:

本研究不是高高在上的、抽象的研究,而是扎根教学实践、落实到每一堂数学课的草根式的研究,从研究学生的学习行为出发,关注初中数学促进学生数学深度学习课堂教学模式的研究.通过"导学案"的引领,让学生课前充分预习,课堂充分交流讨论,数学思维深度发展,学生能自主学习、主动学习、学会学习,表达与思维同步共生,以实现促进师生共同发展的美好愿景.

6.6　研究方法

（1）行动研究法

开设公开课或观看课堂实录,根据学生反馈情况提出改进方案并收集实验教案资料.

（2）教育调查法

通过问卷、谈话等形式,了解学生的兴趣.

（3）动态观察法

在课堂教学过程中对教师教学行为及学生学习情况进行观察、分析、归纳、反思,多方面动态观察,收集课题研究情况.

（4）文献资料法

查阅文献资料,了解国内外研究现状,及时对课题进行分析、总结、修正.

（5）个案研究法

选择部分学生进行有目的、有计划的跟踪研究,建立个体合作交流能力、自主学习能力、创新能力发展档案.

6.7　研究成果

6.7.1　理论成果

（1）深度学习与浅层学习的分类比较见表1.

表 1

思维特征	学习指向	深度学习	浅层学习
自我认知	学习动机	出于求知渴望	迫于外在压力
	投入程度	自主学习	被动学习
	反思状态	经常自主反思	很少自主反思
批判性思维	主动交流	批判性地接受他人意见和知识,从而加深对复杂知识和概念的理解	没有自己的主张,被动接受,浮于表面
理性思维	记忆方式	理解并记忆	机械记忆
	思维层次	高阶思维	低阶思维
	关注焦点	侧重解决问题必需的概念和核心论点	侧重解决问题所需的基本公式和外在线索
	迁移能力	能够将已掌握的知识应用到实际中	缺乏灵活运用所学知识的意识和能力
	知识体系	将新旧知识串联在一起,掌握复杂概念、深层知识等非结构化知识	短期内所学习的零散知识,且多为概念、原理等结构化的浅层知识
创造性思维	自主探究	善于主动发现并解决新问题	被动完成作业等"任务"

（2）课程认知目标分类见表 2.

表 2

学习类型	目标层次
浅层学习	记忆
	理解
深度学习	应用
	分析
	综合
	评价

(3) 数学深度学习与学习行为的分类见表 3.

表 3

学习分类	学习行为的分类
浅层学习	被动接受学习
深度学习	机械发现学习
	有意义地接受学习
	有意义地发现学习

(4) 基于建构主义的数学建构见表 4.

表 4

结构	要素	达到数学深度学习的特征
建构主义知识观	知识	学生在日常生活中已经获得一些基础性的数学思维与方法
建构主义学习观	情境	必须有利于学生对所学内容的意义建构
	协作	采用小组合作制学习模式,协作学习发生在学习过程始终
	会话	会话是协作过程中不可缺少的环节,学习小组成员之间必须通过会话商讨如何完成规定的学习任务和计划
	意义建构	所要建构的是指数学知识的定义、规律以及知识之间的内在联系
建构主义教师观	教师	教师要成为学生建构数学知识的忠实支持者,从传统的传递知识的权威转变为学生学习的辅导者,必须培养学生评判性的认知加工策略,以及自己建构知识和理解的心理模式
建构主义教学观	教学方法	注意激发学生学习兴趣,帮助学生形成学习动机,创设符合教学内容要求的情境,尽可能组织协作学习,并对合作学习过程进行引导

6.7.2 实践成果

6.7.2.1 形成初中数学小组合作深度学习课堂的基本结构模式

模式结构:课前预习—小组交流—班级展示—当堂检测.

(1) 课前预习——自主学习,发现问题

先阅读书本,包括例题.阅读时注意划出重点概念、公式并理解记忆,可在重点例题旁边做标记,对于有疑惑的部分也可在书本上做出相应的标记.阅读教材后独立完成导学案中指定的内容,即优秀学生完成问题基础部分、典型例题部分和拓展提升部分,中等学生完成基础部分、典型例题部分,剩余学生完成基础部分.

(2) 小组交流——分享智慧,收集疑问

小组之间的合作交流是进行数学深度学习的基础.由于不同学生的知识基础、思维方式和生活经验不同,学生在课堂上的收获和体验也不相同.对于一些基础题可在小组交流后解决,组长和数学学习优秀的学生对做错基础题的学生进行一对一辅导与订正,从而有效提高学习效果;当小组中出现没有学生能解决的问题时,由组长收集题目序号并告知教师.此环节能让每个学生都参与到学习中,让所有的学生都品尝到成功的喜悦,对培养学生合作互动、分享学习成果、暴露学生学习中存在的问题具有十分重要的意义,为正确估计自主学习效果、班级合作展示内容提供了可靠的依据.

(3) 班级展示——全班交流,释疑解惑

班级展示是进行数学深度学习的重要环节.教师在班级中宣布各个小组提出的有问题的题目序号,切块分工,各小组学生共同讨论分到的问题并在组内进行预演:如何破题,如何讲解解题思路,如何板书,有几种解题方法,其中蕴含的数学思想方法是什么,题目的易错点在哪里,等等.教师根据各小组举手的先后顺序给予小组交流展示的机会,其他同学则认真倾听,准备补充,最后由教师进行最终的点评总结.当班级中没有学生能解决问题时,由教师讲解.这个环节中,学生会对重点问题、难点问题进行充分思考,从而拓展学生的思维,对问题进行深度剖析.在展示过程中,学生能说出对问题的不同见解,一题多解、多题一解,学生的思维充分碰撞,闪现出创造的火花,学生的创新意识、归纳总结能力得到有效提升,学生的知识网络得到有效建构,学生学会思考、表达、耐心倾听,处理信息和反思评价的能力也有很大提高.

(4) 当堂检测——练习反馈,及时巩固

当堂检测反馈是进行数学深度学习的必要环节.每堂课都预留8分钟左右,对本堂课的重点、难点问题进行一次反馈练习.反馈练习一般为一道选择题、一道填空题或一道简答题,做完后学生之间当堂互批、订正.通过每堂课的反馈练习环节,及时了解学生掌握知识的情况,便于教师调整教学进度、难点,查漏补缺.

6.7.2.2 得到初中数学小组合作深度学习导学案编写的三条主线

传统课以教师教为主,而现在的课堂以学生学为主.要让学生主动探究、掌握本质,就要求教师在课前设计学生学什么、怎么学,也就是在课前将教材转换成学材,即导学案.在研究中发现,导学案的编写要注意三条线:

(1) 知识线.这条线主要指导学案上的学习内容,包括基础部分、要点部分、拓展部分.这些内容应根据知识问题化、问题程序化、程序能力化、能力潜移化的要求编排.知识问题化可增强学习内容的自主阅读性、自主思考性和自主探究性;问题程序化可增强知识的合理梯次,遵循最近发展的原则,保障学生自主探究的有序性和长度性;程序能力化指问题序列设置要有利于学生触摸学科知识的内核,使学习围绕学科的本质,保证学生自主合作探究的深度;能力潜移化指学习内容、方法技能等在不同课堂出现的时候,要设计类似的学路,让学生有效正迁移,久而久之,学习方式方法、技能策略在不同场合的不断迁移运用中就会潜移默化地自然形成.

(2) 活动线.围绕导学案的学习内容,设计并明确发生何种学习行为或方式.这条线非常重要,因为施行小组合作学习这种以学为中心的课堂之初,最大的障碍是教师的习惯,他们会自觉或不自觉地采用教的方式,因此在导学案中设计活动线,一是强化教师围绕学习内容必须要设计学生如何发生学的行为;二是在学习行为的指令下,学生遇到不同知识内容时知道该采用什么方式去学习,使学生在课内的话语权、自主合作探究权"有法可依",保证学生能合作,有时间合作,这样才能让学生拥有思考的时间,数学深度学习才有保障.

(3) 时间线.对完成导学案上每块知识内容的学习进行时间预设,确保自主合作探究的效率意识.设计时要选取重点、难点问题交流展示,确保交流展示在"刀刃"上,从而有效发展学生的合作交流能力、语言表达能力、探究能力等核心素养.

6.7.2.3 找到促进初中数学小组合作深度学习的抓手——合作建模

合作建模是指以小组为单位,在教师的指导下将实际问题抽象为数学问题,再通过组内成员的相互交流探讨、相互启发,构造出相应的数学模型,使实际问题得以解决.其核心要素有三个:一是小组合作学习的方式;二是将现实问题数学化,建立并解出数学模型,从而解决现实问题;三是在合作建模中建构数学知识体系.学生在数学学习过程中,以小组为单位,在教师引导下,通过成员的相互交流探讨、相互启发,将现实问题数学化,构造数学模型,使实际问题得以解决.在此过程中,学生分析事实、批判地学习新思想,并将它们融入原有的认知结构中,进而提升学习层次、强化学习能力;通过数学模型的建立,学生深度理解所学知识,获得在真实的问题和情境中应用这种理解的能力去适应新情境、探究新问题、生成新能力的综合的、可持续发展的学习能力,使得数学学习有效深化.

课题组在研究过程中总结整理了 16 类合作建模专题:数与式、方程与不等式、函数的图像与应用、代数探究、全等三角形的几种模型、相似三角形的几种模型、最值问题、图形旋转、图形翻折、运动轨迹、动点问题、几何探究、函数与三角形、函数与四边形、函数与圆、尺规作图.每个专题又可以有若干合作建模模型,如图 1 和表 5 所示.

专题一　数与式
- 实数
- 整式
- 二次根式
- 分式

专题二　方程与不等式
- 一元一次方程
- 二元一次方程(组)
- 一元二次方程
- 分式方程
- 不等式
- 函数与不等式

专题三　函数的图像与应用
- 一次函数图像
- 反比例函数图像
- 二次函数图像

专题四　代数探究
- 算法原理
- 临界讨论
- 等积对称
- 设元引参

专题五　全等三角形的几种模型
- 三角形手拉手
- 正方形手拉手
- 三角形半角
- 正方形半角
- 三垂直

专题六　相似三角形的几种模型
- "A"字形
- 反"A"字形
- "8"字形
- 反"8"字形
- 射影定理
- 半角形
- 一线三等角

专题七　最值问题
- 对称线段最短
- 中垂线最短
- 两边之差
- 定边平移
- 对称三角形
- 最小里面取最小
- 对称四边形
- 对称折线段
- 时钟模型
- 最短时间的系数化
- 构建相似的系数化
- 旋转最值

专题八　图形旋转
- 等边三角形交叉型旋转
- 正方形的旋转
- 对角互补四边形的旋转
- 等腰直角三角形45°角旋转
- 正方形45°角旋转
- 直角三角形交叉型旋转
- 等腰直角三角形交叉型旋转

专题九　图形翻折
- 正方形的翻折
- 矩形的翻折
- 圆的翻折
- 等边三角形的翻折
- 等腰直角三角形翻折周长定值
- 正方形翻折周长定值
- 120°菱形翻折周长定值

<table>
<tr><td colspan="2">

专题十　运动轨迹

- 直角三角形斜边上的中线运动轨迹
- 直角的运动轨迹
- 相似的运动轨迹
- 中位线的运动轨迹

</td><td>

专题十一　动点问题

- 动点数量关系速度
- 线段速度
- 动点位置关系速度
- 函数图像动点

</td><td>

专题十二　几何探究

- 直线形中的动态问题
- 直线形中的图形变换
- 面积的存在性问题
- 相似的存在性问题
- 线段和差最值的存在性问题
- 由比例线段产生的函数关系
- 由面积产生的函数关系
- 对称变换
- 旋转变换
- 抛物线的几何变换

</td></tr>
</table>

专题十三　函数与三角形

- 函数与等腰三角形
- 函数与直角三角形
- 函数与等边三角形
- 函数与等腰直角三角形

专题十四　函数与四边形

- 函数与平行四边形
- 函数与矩形
- 函数与菱形
- 函数与正方形

专题十五　函数与圆

- 点与圆的位置关系
- 坐标中的45°角
- 动点与圆
- 动线与动圆

专题十六　尺规作图

- 五种常见模型的尺规作图

图 1

表 5

模型	已知	图形	结论
三角形手拉手	等边三角形 ABC 与等边三角形 CDE，点 B、C、E 三点共线，连接 AE、BD，AE 与 CD 相交于点 M，BD 与 AC 相交于点 N	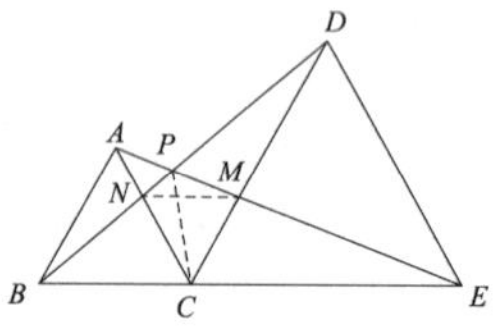	(1) $\triangle BCD \cong \triangle ACE$； (2) $BD = AE$； (3) CP 平分 $\angle BPE$； (4) $\triangle CMN$ 为等边三角形； (5) $PB = PA + PC$； (6) $PE = PD + PC$
	等腰三角形 ABC 与等腰三角形 ADE 相似，且 $\angle BAC = \angle DAE$，连接 BD、CE，BD 的延长线交 CE 于点 F	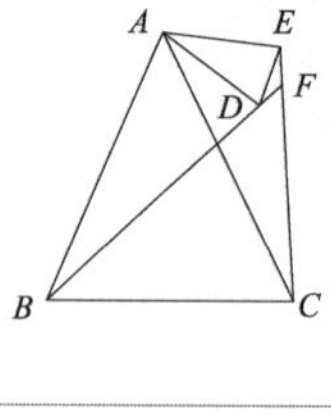	(1) $\triangle ABD \cong \triangle ACE$； (2) $BD = CE$； (3) $\angle BAC = \angle BFC$

续表

模型	已知	图形	结论
三角形手拉手	在△ABC 中,以 AB 为边作等边三角形 ADB,以 AC 为边作等边三角形 ACE,连接 DC、BE,相交于点 O		(1) △ADC≌△ABE; (2) DC=BE; (3) ∠DOB=60°
正方形手拉手	在△ABC 中,以 AB 为边作正方形 ABED,以 AC 为边作正方形 ACGF,连接 DC、BF,相交于点 O		(1) △ADC≌△ABF; (2) DC=BF; (3) ∠BOD=90°
三角形半角	在等腰直角三角形 ABC 中,点 D、E 在边 BC 上,∠DAE=45°		将△ABD 绕点 A 旋转 90°得△ACF,则 (1) △ABD≌△ACF; (2) △ABE≌△ACD; (3) $DE^2=BD^2+CE^2$; (4) △ADE≌△AEF
正方形半角	在正方形 ABCD 中,连接 BD,点 E 在边 BC 上,点 F 在边 DC 上,∠FAE=45°,AH⊥EF 于点 H		将△AFD 绕点 A 旋转 90°得△AGB,则 (1) △AFD≌△AGB; (2) AH=AB; (3) DF+BE=EF; (4) $MN^2=BM^2+DN^2$
三垂直	正方形 FGHE 各顶点在正方形 ABCD 各边上		△FGB≌△GHC≌△HED≌△EFA
	在正方形 ABCD 中,AG⊥BH,BH⊥CE,CE⊥DF,DF⊥AG		△AGB≌△BHC≌△CED≌△DFA,AG=BH=CE=DF

续表

模型	已知	图形	结论
三垂直	在正方形 $ABCD$ 中,点 F 在 BC 边上,连接 AF,作 $BE \perp AF$,交 CD 于点 E		$\triangle ABF \cong \triangle BCE$,$AF = BE$

6.7.2.4　成果辐射

(1) 本研究推动了常规教学研究的开展.三年来,课题组教师共上相关的研究课、示范课 43 节,在校内每人都上试水课、过关课、汇报课,在各级论文评选中有 8 篇论文获奖,有 39 篇论文在各级各类刊物上发表.

(2) 本研究的辐射作用不断凸现.自 2017 年以来,承担实验的相关教师,将学科教学中的合作学习模式应用于教学中,不仅优化了课堂教学,激发了学生的求知欲,使学生学习主动性增强,在数学学习中悟到学科本质,提高了教学质量,而且"课前预习—小组交流—班级展示—当堂检测"这一学科教学模式得到了优化和完善,更加科学,更具操作性,把实验研究引向纵深发展.

6.8　研究后的思考

6.8.1　分析和讨论

虽然本研究取得了积极的成果,但是由于教学的系统性和学习过程的复杂性,教材的知识点要求发生了变化,教学体系发生了变化,加之研究者本身认识的局限性,因此还存在诸多待深入探究的问题.

(1) 只有用先进教育理念武装起来的教师,才能将理论付诸实践.教师的素质是实验成效的关键.提高理论修养,转变教育理念,强化教学素质,创新教学实践,仍是当前教师队伍建设的主要任务,也是开展教育科研的前提条件,更是推进课程改革的保证.

(2) 对教师工作质量的评价体系亟需完善.把学生考试分数高低作为评价教师业绩的唯一标准的评价理念,影响了教师参与课题研究和教学改革的积极性,使课题研究出现突击性、浮浅现象,不利于教师和学校的可持续发展.

(3) 由于实验教师素质参差不齐,加之教学任务繁重,以及可供借鉴的经验较少,实验起来有时步履艰难,所以急需获得上级教研部门的大力支持.初中数学深度学习的研究,仅有了一个良好的开端,取得了初步成果,以后还有很远的路要走,任务十分艰巨.我们一定会开拓创新,扎实工作,努力提升教育科研水平,把素质教育落到实处.

（4）评价体系还有待完善.缺少科学评价的教学很难调动学生的学习积极性.评价不仅要关注学生的学业成绩,而且要发现和发展学生多方面的潜能,了解学生发展中的需求,帮助学生有针对性地认识自我,建立信心,充分发挥学生的主体积极性.科学的评价体系还能及时反馈学生存在的问题,引导和激发学生的情感,因此在今后的实践中,还应探求科学的评价方法,使学生的个性特长和学习优势得到充分的发挥.

6.8.2　建议

（1）课题研究的层次还不够深,教学模式还有待进一步完善,尤其是教师的专业技能和理论水平还需进一步提高.

（2）课题组成员都是教学骨干,教学任务重,课题研究的时间少,课题研究经费紧张,致使实验教师外出培训学习的机会少.因此,加强学校科研经费的投入,增加教师外出学习交流的机会,聘请高层次专家指导是需要解决的问题.

（3）初中数学小组合作深度学习的课堂教学模式在实施过程中与现阶段的教育教学评价体系之间存在不可调和的矛盾.现在的教学评价只注重学生学习成绩的评价,对于学生的学习习惯、学习能力、实践能力和创新能力的培养等方面的考核,还没有统一的评价标准,进行量化分析.因此,如何使两方面科学有机地结合起来,合理地考评学生的进步和发展是以后需要重点研究解决的问题.

（4）关于学生的合作学习,教师要根据具体的学习问题,组织学生开展小组合作交流讨论.通过研究,我们发现几乎每堂课都可以进行合作学习.这里的合作学习是指学生之间的互助、交流、研讨等,这些是随时都可以开展的,不一定由教师特意安排,而是学生为了完成某项学习任务或解决某个问题而自发进行的一种学习活动.只有这样,才是最有效的合作学习.数学的深度学习不仅体现在数学课堂上,还可以延伸至课外,延伸到其他学科,延伸到学生的生活中.只有这样的数学学习,才是真正的深度学习.